COURS DE MORALE

A L'USAGE

DES JEUNES DEMOISELLES.

COURS DE MORALE

A L'USAGE

DES JEUNES DEMOISELLES.

PAR FRANÇOIS DE SALES AMALRIC.

> Ce sont les bonnes mœurs et non les riches
> atours qui parent les femmes.
> MÉNANDRE.

TOME SECOND.

A PARIS,

CHEZ BERNARD, Libraire de l'Ecole Polytechnique et de l'Ecole des Ponts et Chaussées, quai des Augustins, N°. 31.

AN XI. — M. DCCCIII.

COURS DE MORALE

A L'USAGE

DES JEUNES DEMOISELLES.

DISCOURS

SUR LES MOTIFS QUI DOIVENT DÉTERMINER LES JEUNES PERSONNES A SE LIVRER A LA PRATIQUE DE LA VERTU.

> Il n'y a point de route plus sûre pour aller au bonheur que celle de la vertu : si l'on y parvient, il est plus pur, plus solide, et plus doux par elle : si on le manque, elle seule peut en dédommager.
>
> J. - J.

S'IL y a quelque chose de respectable sur la terre, c'est la vertu. Honneurs, plaisirs, gloire, dignités, richesses, qu'êtes-vous auprès d'un pareil trésor? Aux yeux même de ces insensées qui ne connoissent de règle que la bizarrerie de leurs désirs; une femme qui ne connoît de jouissance que la pratique de ses devoirs est un être dont le sort est digne d'envie; et il n'est aucune de celles qu'on vit s'égarer dans la poursuite des vanités du siècle, qui ne voulût retrouver sa première jeunesse, pour la rendre conforme à ses derniers sentimens.

Mais vous, qui vous trouvez précisément à l'âge où tant d'autres voudroient revenir pour suivre un autre chemin, comment devez-vous vous conduire pour n'avoir jamais à déplorer les erreurs d'une fausse route; et qu'est-ce, jeunes élèves, que la vertu? La vertu est l'observation constante des lois qui nous sont imposées sous quelque rapport que nous nous considérions; c'est la préférence de l'intérêt général à l'intérêt particulier, dit Larochefoucault; c'est le sacrifice du penchant au devoir; c'est un sentiment profond de l'ordre qui dirige nos affections vers le juste et l'honnête ; en un mot, c'est la raison du cœur. Elle est une, simple, inaltérable ; elle est la même dans tous les temps, dans tous les climats, dans tous les gouvernemens. Une personne qui seroit née avec des dispositions au bien, et à qui il ne coûteroit aucun sacrifice pour le faire, ne seroit pas précisément vertueuse, parce que la vertu suppose un effort. Une personne qui, au milieu d'une vie livrée aux égaremens du vice, feroit par fois des actes de vertu, ne seroit pas non plus vertueuse, parce que la vertu est un état permanent. La personne véritablement vertueuse est celle qui, malgré les sacrifices qu'ils exigent, est habituellement fidèle à ses devoirs ; qui, dès qu'elle est tombée dans quelque faute, se hâte de la réparer ; qui combat ses défauts avec un zèle que rien ne peut affoiblir ; qui, plutôt que de commettre un crime, est prête à souffrir la mort ; qui est toujours disposée à faire ce qui est avantageux, à s'abstenir de ce qui est nuisible a son prochain; et qui, au milieu des éloges qu'on lui prodigue, ne s'élève ni par le désir ni par la pensée, au dessus des autres; voilà ce qu'est la vertu.

Les auteurs anciens nous ont conservé une fiction aussi ingénieuse que morale, attribuée à *Crantor*, philosophe platonicien. Ce sage disoit que les divinités qui présidoient à la richesse, à la volupté, à la santé, et à la vertu, se présentèrent un jour aux Grecs assemblés pour les jeux olympiques, afin qu'ils leurs marquassent leur rang, suivant le degré de leur influence sur le bonheur des humains. La *richesse* étala sa magnificence et commençoit à éblouir les yeux des juges, quand la *volupté* représenta que l'unique mérite des richesses étoit de conduire au plaisir. La *santé* exposa que les plus grands plaisirs sont pleins d'amertume lorsqu'elle n'en autorise pas la jouissance; mais la *vertu*, terminant

DE MORALE. 5

la dispute, fit convenir les Grecs, que la richesse, le plaisir, la santé, deviennent des maux réels pour qui ne sait pas en user avec sagesse, et le premier rang lui fut adjugé. Sans la vertu, jeunes élèves, vous ne pourriez être constamment aimables; sans la vertu, vous ne pourriez être vraiment heureuses. C'est tout le plan de ce discours.

On demandoit à un Spartiate quel bien il procuroit aux enfans en les instruisant. Je fais, répondit-il, que ce qui est honnête leur soit agréable.... Que je me trouverois heureux, si je pouvois vous adresser la même réponse que cet ancien ! Ce que je puis du moins assurer avec confiance, c'est que je me propose le même but, et que je ne néglige aucun moyen de l'atteindre.

Vous seriez dans l'erreur si vous croyiez qu'il vous suffit pour être aimables d'avoir de l'esprit, de la beauté, des graces, et qu'auprès des personnes dont vous ambitionnez le suffrage, vous aurez toujours le succès que vous désirez. Eussiez-vous l'esprit, la beauté, les graces qu'on admire le plus, si vous n'étiez modestes sur vos agrémens, sévères pour vos défauts, égales dans votre humeur, vous ne seriez pas aimables constamment, ou plutôt vous finiriez par être désagréables : tant le mal, en quelque genre que ce puisse être, offense encore plus que n'intéresse le bien ! Or, comment ne pas s'enorgueillir de ses agrémens, ne pas se négliger sur ses défauts, ne pas varier dans son humeur, sans l'influence de la vertu, c'est-à-dire de cette ferme détermination qui triomphe courageusement des obstacles, quand il s'agit d'être fidèle aux devoirs ?

Il est difficile qu'une jeune personne à qui la foiblesse des parens et le langage des flatteurs ont appris qu'elle a de l'intelligence, de la figure, des talens, ne tire point vanité de ces petits avantages, et ne se préfère secrètement à ses sœurs. Par une espèce de modestie affectée, elle a beau vouloir cacher son amour-propre, des prétentions mal déguisées ne tardent pas à se montrer sur ses traits. Personne n'étudie, n'écrit, ne parle aussi bien qu'elle dans la maison; aucune de ses compagnes qui, pour le dessin, la musique et la danse, ne doive lui céder le premier rang; dans un concert, dans un bal, dans une promenade, elle croit s'attirer tous les regards. Il faudroit, à chaque exercice, lui donner la palme; celle de ses compagnes qui l'emporteroit sur elle jetteroit dans son ame la jalousie, la tristesse, et le dépit.

Une telle vanité, jeunes élèves, vous inspire toute l'indignation qu'elle doit inspirer; vous êtes bien convaincues qu'elle offense nécessairement ceux qui voulant juger librement de nos avantages, ne souffrent pas que nous nous assignons à nous-mêmes le rang qu'ils ne nous ont pas donné dans leur opinion. Vous sentez qu'il n'y a rien de plus ridicule que ces personnages qui, sans cesse occupés de leur mérite réel ou prétendu, font essuyer aux autres l'ennui de leur éternel égoïsme ; et vous avouez qu'une jeune personne qui montre une fatuité pareille, ne peut plaire qu'à des yeux insensés. Mais suffit-il d'être persuadée que notre intérêt nous fait le plus pressant devoir d'être modeste pour le devenir ? Le malheureux penchant qui nous porte à nous enorgueillir des qualités que nous croyons avoir, et qui souvent nous manquent, est-il réprimé sans difficulté ? ne faut-il pas continuellement nous contenir, nous combattre, nous vaincre ? Si l'on cesse un moment de résister au torrent qui nous entraîne presque malgré nous, ne se trouve-t-on pas dérivé, de façon qu'il devient bientôt impossible de regagner le rivage? Peut-on, en un mot, surmonter les plus grands obstacles sans leur opposer les plus grands efforts?

Et s'il faut de la vertu pour ne pas tirer vanité de ses agrémens, combien n'en faut-il pas pour faire valoir ceux des autres? condition pourtant sans laquelle on n'est point aimable, quelque mérite qu'on ait d'ailleurs. Oublier entièrement les droits qu'on peut avoir aux éloges de ceux à qui nous désirons de plaire, pour ne s'occuper que du soin de faire obtenir ces mêmes éloges à ceux dont on seroit tenté d'envier les talens, est une abnégation à laquelle la seule vertu nous élève; et parmi beaucoup de personnes qui paroissent plus satisfaites des succès des autres que des leurs, il n'en est peut-être pas une qui ne doive son désintéressement à son courage. La raison nous dit bien que l'art de plaire dans le monde n'est pas tant d'y briller soi-même que d'y faire briller les autres;

que si quelque chose convient à une jeune fille, c'est l'empressement qu'elle témoigne pour ses compagnes, quand il s'agit de leur procurer des applaudissemens; qu'eût-on une beauté céleste, et un langage divin, dès qu'on n'est pas constamment plus attentives aux autres qu'à soi, l'on finit par déplaire; et qu'il est par conséquent de l'intérêt de notre amour-propre de songer plus à nos semblables qu'à nous.

En vain la raison nous tient ce langage, si la vertu n'en appuie la leçon. Ce n'est que par la vertu qu'on peut sortir du cercle étroit que l'égoïsme trace autour de nous; se détacher de ce *moi* qui nous gouverne avec tant d'empire; préférer en quelque sorte les autres à soi. Tout autre sentiment auroit peut-être assez de puissance pour nous conduire, un instant, au même but. Mais outre que ce ne seroit qu'une action passagère, et sur la suite de laquelle on n'auroit pas droit de compter, le motif qui l'auroit dictée seroit-il assez pur pour procurer à notre ame le contentement qui naît des sacrifices faits à l'estime de soi-même? Est-il bien certain d'ailleurs qu'on ne devinât pas notre intention? Pour être vraiment aimable, il faut être vraiment modeste; afin de plaire aux autres, il faut ne s'occuper de soi qu'en s'occupant d'eux; et l'on ne parvient à acquérir cette modestie qui, en oubliant notre mérite, songe à faire valoir le mérite d'autrui, qu'après avoir pris la vertueuse résolution de triompher de nous-mêmes.

Mais ce n'est pas assez d'être modeste sur son mérite, il faut encore être sévère sur ses défauts. Un sage a observé que les défauts les plus ordinaires dans les filles, étoient la mollesse, la pusillanimité, l'affectation, poussées à l'excès; les amitiés trop tendres, les petites jalousies, les complimens outrés, les vivacités, les minauderies, les longs discours. Il les accuse de mettre souvent dans leur conduite de la finesse, de la ruse, de la dissimulation. Il assure qu'elles sont ordinairement curieuses, indiscrètes, immodérées, et qu'elles aiment par dessus tout la dissipation des fêtes, la vanité des éloges, le luxe des ajustemens. Si j'avois entrepris une énumération semblable, je ne l'eusse pas faite si longue; tant les élèves devant qui je parle, paroissent peu justifier ces accusations. Mais enfin il faut convenir qu'il n'y en a aucune qui soit irréprochable parmi vous; que la plus parfaite est celle qui a le moins d'imperfections; que toutes ont malheureusement leurs travers; et que si quelqu'une osoit assurer qu'elle n'a rien à réformer dans ses mœurs, elle mentiroit à sa conscience.

Une vérité qui n'est pas moins certaine, et dont vous conviendrez également, est que plus nous avons de défauts, moins nous sommes aimables, et que plus on veut devenir aimable, moins on doit ménager ses défauts. Comment des gens sensés trouveroient-ils aimables de jeunes personnes qui ne montreroient que de la paresse, de l'étourderie, de la vanité ; qui, lorsqu'on voudroit les en corriger, répondroient par l'indocilité, les murmures, l'entêtement ; qui perdroient en futilités un temps dont elles seront un jour au désespoir de n'avoir pas fait un meilleur usage, et n'offriroient à ceux auxquels il leur importe si fort de plaire que des défauts avec lesquels on déplaît toujours ?

Afin de paroître aimable, il est donc nécessaire d'être sévère sur ses défauts ; il ne l'est pas moins d'être indulgente pour ceux des autres ; on ne leur plaît qu'à ce prix. Les imaginations vives, les esprits impétueux, les cœurs irascibles, trouvent dans leur tempérament des obstacles presque invincibles à cette indulgence, sans laquelle on devient un être fort incommode, au milieu de beaucoup d'êtres remplis d'infirmités. En est-il moins vrai que, sans les ménagemens qu'on doit aux foiblesses de ses semblables, il est impossible d'en être aimé ? Une jeune personne qui, au lieu de posséder cette indulgence si nécessaire, ne voudroit rien souffrir de la part de celles qui sont obligées de la supporter à leur tour, finiroit par en être haïe ou délaissée. La plus aimable est celle qui, ne se pardonnant aucun défaut à elle-même, couvre du manteau de la bienveillance tous les défauts qui se font sentir en autrui.

Or, si cette sévérité pour soi, cette indulgence pour les autres, sont absolument nécessaires à ceux qui veulent être aimables, croyez-vous qu'ils puissent les acquérir sans le secours de la vertu? L'obligation, à cet égard, est bien précise ; la raison, la société, tout nous la rappelle: en faut-il moins se modérer, se contenir, se vaincre, pour la remplir ? Est-il facile de devenir douce, quand on est emportée; bienfaisante, quand on est égoïste; active, quand on est paresseuse; franche, quand on est dissimulée; bonne, quand on est méchante ? Est-il facile, lorsqu'on a à se reprocher beaucoup de défauts, non seulement de supporter ceux des autres, mais de les couvrir de l'officieux voile de l'amitié ? Non, il n'y a que la vertu qui nous rende capable de cet effort. Le courage qu'elle inspire peut seul nous le faire tenter avec succès, et sans elle nous serions dans la société des êtres aussi déplaisans qu'incommodes.

Enfin, si l'on veut paroître aimable, il faut montrer un caractère égal. Connoissez-vous rien de plus odieux que ces caractères si légers, si variables, si bizarres, qu'on ne sait jamais dans quel degré de relation on est avec eux?

La veille, ils vous aimoient avec tendresse; le lendemain, ils vous accueillent avec froideur. Le matin, ils sont polis et modestes; le soir, froids et méprisans. Dans ce moment, ils sont gais jusqu'à la folie; le moment d'après, ils seront tristes jusqu'à l'ennui. C'est un changement continuel d'affections, de manières, de visage, de discours; vous diriez que ce n'est pas la même personne, ou plutôt que dans la même personne se trouvent deux êtres mis en opposition.

Avec cette espèce de caractère, on peut quelquefois paroître aimable: le ciel le plus nébuleux a ses instans de sérénité; mais à la longue, on finit par déplaire aux esprits solides, aux cœurs délicats. On n'aime pas ces caractères qui, tantôt empressés, tantôt froids, tour à tour vous attirent ou vous repoussent, et par leurs inégalités font votre tourment. On n'aime point sur-tout ces jeunes personnes qui ne sont appliquées, douces, prévenantes, que par momens; dont l'humeur inconstante ne se fixe long-temps sur aucun objet; qu'un rien détourne de la route qu'on leur a tracée; que deux jours d'absence rendent méconnoissables à leur retour; qui ne marchent, pour ainsi dire, que par sauts et par bonds; qui, toujours différentes d'elles-mêmes, malgré l'uniformité de leurs devoirs, n'offrent peut-être pas un seul jour de conduite également sage, et rendant leurs compagnes victimes de leurs caprices, se lient, se brouillent, se raccommodent, avec une incroyable facilité.

Celle même qui possède un caractère égal n'est constamment aimable qu'autant que, craignant de troubler le repos des autres, elle ménage si fort leur foiblesse, que jamais ses traits n'atteignent jusqu'à leur cœur. Elle sait que cette parfaite égalité de caractère est très-rare, et qu'il est une infinité de causes qui altèrent le plus beau naturel. Loin d'affliger celles de ses compagnes qu'un extérieur malheureux rend le jouet des autres, elle les défend autant qu'il lui est possible contre les plaisanteries de ses sœurs. En ne se permettant aucun caprice avec personne, elle ne trouve point extraordinaire qu'une autre s'en permette envers elle; et si elle paroît sensible aux inconstances qu'elle n'a point méritées, c'est en songeant à la peine de ses amies, quand elles viendront à reconnoître leurs torts.

Je viens de peindre un excellent caractère, assurément ; il n'est aucune de vous qui ne voulût en avoir un semblable; tout le monde aimeroit sans doute, la jeune et douce compagne qui le possèderoit. Eh bien ! quand on n'est pas née avec des dispositions aussi peu communes, est-il facile de les acquérir ? N'a-t-on pas besoin d'un effort constant pour les établir dans son ame? Et cet effort si difficile n'est-il pas l'ouvrage de la vertu ? Combien n'en coûte-t-il pas aux personnes d'un caractère doux, honnête, et même patient, pour conserver cette égalité précieuse ? Que d'égards à avoir, de mesures à prendre, de sacrifices à faire, quand elles veulent éloigner de leurs actions et de leurs visages jusqu'aux moindres traces d'inconstance et d'humeur !

Et vous, dont l'ame vous échappe à tout moment, à qui la moindre résistance fait tomber les armes des mains ; que le souffle le plus léger agite dans tous les sens ; vous croiriez n'avoir pas besoin de vertu pour paroître, d'une égalité constante, au milieu d'un cercle où tout est d'une continuelle mobilité ? Malheur à celle qui s'abandonneroit sans défiance à son caractère ! Eût-elle reçu en partage de la nature l'ame la plus douce, les évènemens, les contradictions, sa propre foiblesse altéreroient son humeur ; on la verroit varier dans ses projets, sa conduite, ses sentimens. Livrée, au milieu d'une mer orageuse, à toute l'inconstance des flots, elle changeroit de situation autant de fois que l'élément changeroit de surface; heureuse si, les vagues la poussant sans cesse vers un écueil que les eaux couvrent, elle n'y trouvoit pas le naufrage qu'elle avoit trop peu redouté!

Je suppose que, dans une de ces fêtes que votre généreuse institutrice aime à vous donner pour encourager vos études, vous ayez chanté ou dansé agréablement; dès l'instant, les personnes qui vous auront le plus applaudies, demanderont à celles qui vous connoissent, si vous êtes aimables, c'est-à-dire si vous avez de la modestie, de l'aménité, de la sagesse, un caractère estimable, un cœur bon. Si leur réponse vous est favorable, vous pouvez être certaines que les talens que vous avez montrés doublent de prix; mais si l'on répond au contraire que vous avez de la vanité, de la paresse, de l'humeur; que vous êtes curieuses, indiscrètes, hautaines; c'en est fait, vous êtes jugées; et malgré les agrémens qu'on vous a reconnus, il n'est pas une des mères qui vous ont applaudies, qui voulût un jour de vous pour l'épouse de son fils.

Sans la vertu, vous ne pourriez donc être aimables, parce que vous ne seriez ni modestes sur vos agrémens, ni sévères pour vos défauts, ni égales dans votre caractère; et que vous manqueriez du zèle, de l'indulgence, de la délicatesse qui vous sont nécessaires pour plaire constamment aux personnes avec lesquelles vous vivez. Voyons maintenant si, sans la vertu, vous pourriez être vraiment heureuses.

II. Pour être vraiment heureuses, il faut que vous jouissiez de l'amitié de vos compagnes, de l'approbation de vos maîtres, de la satisfaction de vous-mêmes,

Sans ces conditions, il ne peut exister pour vous de bonheur. Or, pensez-vous qu'indépendamment de la vertu, c'est-à-dire de la disposition habituelle où vous devez être de surmonter tous les obstacles pour remplir vos devoirs, vous puissiez être aimées de vos compagnes, approuvées de vos maîtres, satisfaites de vous-mêmes? Si, jusqu'à présent, vous avez pu le penser, écoutez, je vous en conjure, il est encore temps de vous détromper.

Un des plus doux et des plus tendres sentimens de notre cœur, celui qui peut-être est le plus dans l'ordre des affections propres à l'espèce humaine, c'est l'amitié. Eh ! il faut bien que la nature en ait mis le germe en nous, qu'il soit une émanation de l'instinct social, puisqu'un de nos premiers besoins est de chercher quelqu'un qui veuille vivre avec nous d'une existence commune, et avec qui nous puissions partager notre bonheur ou notre malheur. La seule image de l'amitié nous intéresse là même où elle n'est pas; nous en aimons les apparences, les expressions, le langage; et ses attraits sont si chers à l'ame sensible, qu'il n'a jamais existé d'être au monde qui ait osé en dire du mal. Nous ne dédaignons pas de nous ménager des amis jusque parmi les animaux. La fidélité d'un chien nous console quelquefois de l'ingratitude de l'homme; et l'on cite un brave militaire qui doit sa vie à l'attachement que son braque eut pour lui. Mais s'il est un temps où le besoin d'aimer se fasse sentir davantage, c'est la jeunesse. Ce sentiment se développe alors avec toute la force et la chaleur qui caractérisent cet âge; l'expérience n'a pu encore le refroidir; il n'a encore rien de cette allure machinale que l'habitude donne à nos penchans; il vit de sa propre substance, dont rien n'altère la pureté, et il n'admet que ces illusions brillantes qui, loin de dégrader les sentimens sublimes, les parent et les ennoblissent, en même temps qu'elles ajoutent à leur douceur.

Si l'amitié, ce doux lien de la société, ce plaisir céleste du cœur, cette voix consolante au milieu des chagrins de la vie, a tant de charmes pour un sexe que les affaires, les habitudes, le monde, répandent incessamment au dehors; quelles délices un sentiment aussi délicat doit-il offrir au sexe que l'éducation, les devoirs, la bienséance, livrent à des occupations sédentaires ? La retraite assure notre innocence, et nous rend l'amitié plus nécessaire, disoit Madame de Lambert. Plus on a d'obligations à remplir, plus on a besoin d'un temoin qui nous observe, nous redresse, nous encourage ; point de félicité véritable sans ce trésor.... Eh qui de nous n'est pas en état de sentir cette vérité ? Il n'est que trop souvent, parmi les élèves d'une même

même institution, de ces jeunes personnes, dont le caractère difficile, jaloux, inquiet, les rend insupportables à tout le monde, et qui semblent ne vivre un instant en bonne intelligence avec leurs compagnes, que pour la rompre ensuite avec plus d'éclat. Croyez-vous que ces jeunes personnes soient heureuses, et qu'elles n'éprouvent pas mille fois dans la journée combien il est affreux pour elles de n'avoir pas su mériter l'estime et l'amitié de leurs sœurs?

Cependant, dès que l'amitié de vos compagnes est nécessaire à votre bonheur, pouvez-vous vous flatter d'obtenir cette amitié quand vous ne serez pas douces, sensibles, indulgentes, attentives, empressées pour elles? et aurez-vous ces qualités aimables, lorsque la vertu ne les aura pas établies dans votre cœur? Heureuses les ames qui, nées avec l'aménité, la candeur, le désir d'obliger, qui lient les hommes, n'ont pas besoin de se vaincre elles-mêmes pour les acquérir! Mais il est peu de personnes que la nature ait douées de ce caractère, et qui ne doivent employer tous les moyens que la vertu procure pour dompter le leur. Soit fierté, soit envie, soit indiscrétion, soit égoïsme, combien qui vivent avec les autres sans attention, sans prévenance, sans générosité, sans tendresse, et semblent n'être venues au monde que pour y être le fléau de tout ce qui a le malheur de les entourer!

L'homme est disposé naturellement à n'estimer, à n'aimer rien tant que lui-même, dit M. de Sacy: ce sentiment inspiré par la nature est la source de tous les vices; rectifié par la raison, il est le principe de toutes les vertus. L'estime de soi, grossière et naturelle, n'inspire que le mépris des autres, et nous rend ridicules; l'estime de soi épurée et bien entendue, ne nous apprend qu'à nous respecter nous-mêmes, et nous rend respectables aux yeux d'autrui. L'amour-propre brut et inculte, nous assure que tout doit être fait pour nous, et nous rapporte tout sans égard pour personne ; l'amour-propre, cultivé et poli par la sagesse, nous enseigne à rendre à chacun ce qui lui appartient, pour obtenir qu'on nous rende à notre tour ce qui nous est dû, et à mériter, par nos égards pour les autres, que les autres en aient pour nous. Ainsi demander à l'homme qu'il soit sans amour-propre, c'est lui demander qu'il cesse d'être homme; exiger de lui qu'il place bien son amour-propre et qu'il en fasse bon usage, c'est exiger qu'il soit raisonnable.

C'est à cet amour-propre déréglé que l'on doit sans cesse faire la guerre, si l'on veut que l'amitié soit durable; car elle n'a pas de plus dangereux ennemi. C'est lui qui en ébranle les fondemens les plus solides, et en délie les nœuds les plus serrés. Que d'amitiés célèbres qui, après avoir été proposées comme des modèles, sont devenues, par des ruptures scandaleuses, de tristes exemples de l'inconstance humaine! Malgré votre extrême jeunesse vous avez peut-être senti la honteuse cause de tant de variations, et je n'ai pas besoin de les analyser en ce moment, pour vous montrer qu'un amour-propre aveugle les a causées.

Mais penseriez-vous que, pour rectifier cet amour-propre, il ne faut pas de la vertu? Oseriez-vous assurer qu'il est possible de le diriger vers votre bonheur, sans employer notre courage? Vous aveugleriez-vous au point de croire que, pour être chéris des autres, nous n'avons pas mille choses à réformer en nous? Ma fille est-elle aimée de ses compagnes? demandoit un père tendre à l'institutrice de son enfant. — Aimée estimée de toutes, lui répondit-on.

Quel plaisir vous me causez ! répliqua-t-il; ma fille a donc un caractère vertueux, car la vertu seule obtient l'amour et l'estime.

Le bonheur n'est pas une possession qu'il soit facile d'acquérir, et vous tomberiez dans une erreur bien grossière, si vous croyiez que vous pouvez l'obtenir sans beaucoup d'efforts. Mériter l'amitié de vos compagnes, est une condition sans laquelle vous vous flatteriez en vain de l'atteindre, et pour laquelle la vertu vous est de la nécessité la plus rigoureuse; mais ce n'est pas assez : il faut encore que vous jouissiez de l'approbation de vos maîtres, et, afin de vous ménager cette jouissance, il est indispensable que vous appeliez cette même vertu à votre secours.

Car ils ne peuvent être contens de vous, qu'autant que vous profiterez et de ces leçons de morale qui doivent vous rendre estimables dans vos mœurs, et de ces leçons d'économie qui doivent vous rendre utiles dans votre famille, et de ces leçons d'agrément qui doivent vous rendre aimables dans vos sociétés. Cela suppose, dites-nous s'il ne faut pas que vous fassiez quelques efforts sur vous-mêmes; pour vous rendre utiles toutes ces importantes leçons; si, en vous abandonnant à la paresse qui nous est si naturelle, vous obtiendrez tous les progrès auxquels il vous est possible de parvenir; si, pour ne pas tomber dans cette négligence, où la vivacité même de votre âge peut vous entraîner, l'émulation ne vous est pas nécessaire; en un mot, sans cette vertu qui nous fait triompher de tous les obstacles, vous pourrez vous acquitter ici de tous vos devoirs.

« Malgré la facilité qu'on me suppose, disoit une fille à sa mère, je vous avoue que j'ai bien de la peine à faire des progrès dans l'étude; mais mon institutrice m'assure que c'est

DE MORALE. 31

» surmonter cette difficulté même, que
» consiste la vertu... A ce mot auguste,
» je redouble d'efforts; je veux, à quel-
» que prix que ce soit, être vertueuse;
» et vous pouvez être sûre que je ne
» serai jamais indigne de vous. » Voilà,
jeunes élèves, quels doivent être vos sentimens; vous ne serez heureuses qu'autant qu'ils influeront sur votre conduite;
et tout ce qui les empêchera de s'établir
dans votre ame, entraînera votre malheur.

Vous prouverai-je à présent que si vous
ne trouviez au fond de votre conscience
l'approbation de votre conduite, vous ne
pourriez pas être heureuses, et que si
la vertu ne régloit votre conduite, votre
conscience ne lui donneroit pas son approbation? Il en est peu parmi vous sans
doute qui aient réfléchi sur leurs véritables intérêts. Vous n'avez pu, par
une longue expérience, acquérir de
bien grandes lumières; à peine savez-

vous vous rendre compte de quelques-
uns de vos sentimens. Malgré cela,
jeunes élèves, soyez ici de bonne foi;
quand il vous est arrivé de négliger les
obligations essentielles que vous impose
votre éducation ; lorsqu'au lieu de vous
montrer studieuses, dociles, reconnois-
santes, vous n'avez montré que de la paresse, de l'ingratitude, de l'obstination;
avez-vous été satisfaites de vous-mêmes ?
N'entendiez-vous pas au fond de votre
ame une voix qui vous crioit sans cesse:
Tu as manqué à ton devoir ! Si, dans ces
momens, votre institutrice vous faisoit
appeler, ne vous troubliez-vous pas
comme assurées des justes reproches
qu'elle alloit vous faire? Ne lisiez-vous
pas d'avance sur ses traits la condamnation de vos fautes, et la censure de
vos défauts ? Un seul mot de sa bouche
alors ne vous faisoit-il pas rentrer dou-
loureusement en vous-mêmes? Pourriez-
vous nous assurer que vous n'étiez ni

honteuses au dehors, ni tourmentées au dedans ? Celles-mêmes qui parmi vous ont plus de torts à se reprocher, ont trop de sincérité pour nier que toutes les fois qu'elles ont manqué d'une manière grave à leurs devoirs, elles n'en aient été profondément affectées, et que, dans le calme des passions qui les avoient séduites, elles n'aient éprouvé les plus vifs regrets des fautes qu'elles purent commettre. Eh ! si vous n'aviez pas été touchées de vos fautes, quelle espérance eussiez-vous laissée à vos parens ? Il y a tant à attendre d'une jeune personne dont l'âme est accessible au repentir; celle qui, après des infidélités réitérées, n'en éprouveroit aucun, déceleroit une maladie incurable ; et il faudroit la séparer de ses compagnes, comme on sépare une brebis contagieuse d'un troupeau vigoureux.

Vous ne pouvez donc être heureuses, sans éprouver au fond de votre cœur un

2 *

sentiment approbateur de votre conduite ; cette vérité n'a pas besoin d'un plus grand développement. Mais pour éprouver un sentiment si plein de charmes, ne faut-il pas que vous accomplissiez fidèlement vos obligations, que vous vous punissiez sévèrement de vos fautes ; et pour exercer cette justice rigoureuse sur vous-mêmes, n'est-il pas nécessaire que la vertu vienne à votre secours ?

Une jeune personne sera sujette à se livrer à son humeur ou vive, ou boudeuse, lorsqu'on lui fera d'utiles corrections ; croyez-vous qu'il ne lui faille pas de la détermination et de la fermeté pour devenir douce et docile ? Non, cette entreprise est pénible, et la vertu seule peut l'exécuter. Une autre s'abandonne aux attraits de la paresse, quand il s'agit de s'appliquer à l'étude de ses leçons ; pensez-vous que beaucoup de courage et de vigueur ne lui soit pas nécessaire pour devenir active et laborieuse ?

Non, cette victoire est difficile, et la vertu seule peut l'assurer. Celle-ci trouvoit fort doux d'être journellement caressée par une tendresse aveugle, dans la maison paternelle, et ne trouve rien de si dur que d'être dans une maison d'institution, assujettie à une règle qui ne lui laisse de liberté que pour remplir ses devoirs; estimez-vous qu'elle n'ait pas besoin de force et de constance pour devenir raisonnable et soumise ? Non, ce sacrifice est terrible, et la vertu seule peut le déterminer.

Mais aussi que de satisfactions, lorsqu'on a pu se vaincre sur tous ces points ! Quand est-ce que vous avez éprouvé des plaisirs touchans, de réelles jouissances, un vrai bonheur ? N'est-ce pas dans les momens où vous veniez de faire une généreuse action, de remplir un devoir pénible, de triompher d'un mauvais penchant ? Avec cette satisfaction intérieure dont l'homme vicieux ne peut imaginer la douceur, n'étiez-vous pas heureuses de lire sur le visage de tous ceux de qui vous dépendez la juste approbation de votre conduite? Ne ressentiez-vous pas une indicible joie, en pensant que le tendre père, la sensible mère qui font pour vous tant de sacrifices, seroient ravis d'apprendre vos succès? Ah! pour des ames qui savent sentir, il n'est ni spectacle, ni bal, ni concert, qu'on puisse comparer aux délices que la vertu procure; et ce n'est que lorsqu'on les a goûtées, qu'on peut les apprécier?

Les faveurs de la fortune nous donnent sans doute des avantages importans; les plaisirs de l'esprit des sentimens agréables; mais nous ne pouvons jouir ni des uns ni des autres aussi souvent que nous le désirerions; et, dans bien des circonstances, ils enfantent la douleur et la peine, au lieu de la satisfaction et de la joie. La vertu au contraire ne peut jamais être à charge, jamais inutile, jamais sans bonheur; toujours elle nous donne les conseils les plus sages, et nous conduit par le chemin le plus sûr; toujours, en établissant la vérité et l'ordre, elle amène le contentement et le repos; et dans le sein même de l'adversité, elle nous donne des consolations ineffables. Fais essai de la vertu, seulement pendant un jour, dit Marc-Aurèle, le lendemain tu brûleras de faire une nouvelle tentative; le jour suivant encore une autre; c'est ainsi que tu parviendras insensiblement au degré de perfection dont tu es susceptible.

« Ma chère Alexandrine, écrivoit une jeune personne à son amie, combien j'ai versé de larmes pendant les deux premiers mois que j'ai passés dans cette maison! Arrachée des bras d'une famille qui, de peur de m'affliger, caressoit jusqu'à mes caprices, mon caractère, jusqu'alors indomptable, s'irrita contre le joug qu'on lui voulut imposer ; mais la force de la raison, le charme de la douceur, l'empire de la patience, dans mon institutrice, ont enfin triomphé de moi. Depuis quelque temps, chaque combat que je livre à mes défauts est suivi d'une victoire ; et chaque victoire, d'un plaisir. A la suite de ces efforts commandés et dirigés par la vertu, je goûte une satisfaction que ma fière indépendance ne m'avoit jamais procurée ; et c'est pour moi une nouvelle jouissance que de t'apprendre cet heureux changement.

Me demandez-vous à présent encore, jeunes élèves, ce que c'est précisément que la vertu ? Je vous réponds en deux mots que la vertu n'est autre chose que l'empire sur soi-même ; et pour vous le faire mieux comprendre, je veux, en finissant, vous citer un beau trait.

Un lieutenant-colonel Prussien, réformé à la guerre de 1756, ne cessoit de solliciter le feu roi de Prusse pour son remplacement. Il devint si importun que sa Majesté défendit qu'on le laissât approcher d'elle. Peu de temps après, il parut un libelle contre le monarque. Quelqueindulgent que fût le grand Frédéric, sur ce point, l'audace de l'écrivain le piqua tellement, qu'il promit cinquante pièces d'or à la personne qui le dénonceroit. Le lieutenant-colonel se fait annoncer au roi, comme ayant un rapport intéressant à lui faire ; il est admis auprès de sa Majesté. « Sire, vous avez promis cinquante pièces d'or à celui qui déclareroit l'auteur d'un tel libelle ; c'est moi qui suis cet auteur ; j'apporte ma tête à vos pieds ; mais tenez votre parole royale, et pendant que vous punirez le coupable, envoyez à mes malheureux enfans et à leur mère désolée, la récompense promise au dénonciateur. » Le roi fut frappé de l'extrémité à laquelle le besoin avoit porté un officier estimable; n'importe, le délit étoit constaté. — Rendez-vous sur-le-champ à *Spandau*, et attendez, sous les verroux de cette forteresse, les effets du juste courroux de votre souverain. — Je pars, Sire, mais les cinquante pièces d'or... — Dans quelques heures, votre femme les recevra. Le roi demande une plume, écrit quelques lignes, puis dit à l'officier : « Prenez cette lettre, et remettez-la au commandant de Spandau, qui ne doit l'ouvrir qu'après le dîné. » Le lieutenant-colonel arrive au château terrible, et s'y déclare prisonnier. Au moment indiqué, le commandant ouvre la lettre; elle contenoit les mots suivans : « Je donne le commandement de Spandau au porteur de cet ordre; il verra bientôt arriver sa femme et ses enfans. Le commandant actuel de Spandau ira à B..., en la même qualité; je lui accorde cet avancement en récompense de ses services. » Vous attendiez-vous à cette générosité, après une offense aussi grave? Ne faut-il pas se vaincre soi-même, pour récompenser ainsi l'homme dont on reçoit un outrage pareil?

Je sais, jeunes élèves, que ce n'est pas en un jour que l'on devient vertueuse, et que ce qu'il en coûte de soins, d'efforts et de sacrifices, décourage plus d'une fois les cœurs indolens. Le mot de vertu vient de force; point de victoire sans combat. L'honorable dénomination de vertueux ne convient qu'à des êtres qui, foibles par leur nature, deviennent forts par leur volonté. Asservir ses penchans à sa raison, son goût à ses devoirs, ses actions à ses principes; tel est le continuel exercice de la vertu. Cet exercice demande un courage qui se roidisse contre les obstacles. . . . . Et tant d'obstacles, même à votre âge, s'opposent aux plus énergiques résolutions!

Mais la vertu n'est-elle pas une heureuse habitude qu'il faut contracter, comme toute autre, par des actes réitérés? Le plaisir d'avoir fait de bonnes actions, ne fortifie-t-il pas, dans nos ames, le désir d'en faire de nouvelles? Ces actions ne sont-elles pas autant d'engagemens contractés avec nous, avec nos semblables? Et, n'est-ce pas ici, plus que jamais, que se vérifie cette antique maxime : Il faut avancer sans cesse, si l'on ne veut rétrograder? Ah! c'est avec raison que Sénèque affirme que la vertu n'est pas un présent de la nature, mais un art qu'il faut apprendre; et que c'est en contemplant ses beautés, en étudiant ses lois, en pesant ses avantages, en pratiquant ses maximes, que l'on parvient enfin à l'aimer.

Cependant, vous nous auriez bien mal compris, si vous concluiez de tout ce que nous venons de dire que la vertu est un sacrifice continuel de nos intérêts les plus chers, une haine implacable des amusemens que la nature bien ordonnée nous porte à désirer; un combat fatiguant contre les plus doux penchans de nos ames; ce n'est point en devenant ennemis de nous-mêmes, que nous pouvons devenir amis de la vertu. Elle ne nous ordonne pas de renoncer aux plaisirs; elle nous dit d'en user avec sagesse. Elle ne nous défend pas de jouir des agrémens de la vie; elle nous conseille de ne pas fonder sur eux notre bonheur permanent. Elle ne nous commande pas le sacrifice impossible de toutes nos affections; elle nous prescrit de bien connoître les objets que nous devons aimer, et de leur sacrifier l'amour immodéré de ceux qui ne nous donneroient que des jouissances momentanées, suivies de longs regrets. En un mot, la vertu n'est pas contraire aux penchans louables de la nature, puisqu'elle est la nature perfectionnée, dit Cicéron. Elle n'est point austère et pleine de rudesse; elle est indulgente et pleine d'aménité. Elle n'est point cet enthousiasme insensé, qui ne trouve de légitime qu'une sévérité outrée; elle est une douce habitude de trouver un plaisir constant dans l'accomplissement de tous nos devoirs.

« S'il étoit quelque chose au monde de plus précieux que l'équité, la tempérance, l'égalité d'ame, et le courage, se disoit un Empereur du haut de son trône, je te conseillerois de tout abandonner pour voler à la découverte d'un si rare trésor; mais puisque la vertu est le plus estimable des biens, ne te passionne jamais que pour lui; fais tous les sacrifices pour l'acquérir, tous les efforts pour le conserver : ce trésor, c'est l'immortel esprit qui te guide, qui com-

DE MORALE. 45

mande à tes passions, règle tes désirs, comprime ta curiosité, enchaîne ton imagination, et te préserve, comme dit Socrate, du crime de tes sens, en te sauvant de tous leurs piéges secrets. Comparés à un si grand bien, tous les autres ne te paroissent-ils pas d'un vil prix? Ferme-leur pour jamais l'entrée de ton cœur : si le moindre d'entr'eux parvenoit à t'émouvoir, à t'intéresser, peut-être ferois-tu d'inutiles efforts pour t'en détacher; dès lors, tu ne serois plus assez libre, assez maître de toi pour donner la préférence au devoir sur la passion, et à la vertu sur le vice ».

Paroles immortelles d'un des plus grands hommes de l'antiquité, restez à jamais gravées dans le cœur des jeunes personnes qui m'écoutent; faites-y germer toutes les vertus! Et vous, jeunes élèves, devenez l'honneur de cette maison, la couronne de votre institutrice,

46 Cours de Morale,
les délices de vos parens, l'exemple de votre sexe; et, filles modestes, épouses fidèles, mères sensibles, acquittez-vous dans tous les temps, avec le zèle de la sagesse, de tous les devoirs que vous imposera la société.

DISCOURS

SUR LE MÉRITE QUE LES JEUNES PERSONNES DOIVENT S'EFFORCER D'ACQUÉRIR.

> Proposez-vous pour règle favorite
> De distinguer le vrai du faux mérite.
> J.-B. ROUSSEAU.

QUAND on vous plaça dans la maison distinguée où vous êtes, jeunes élèves, vous ne pensâtes peut-être pas à l'utile but que se proposoit votre famille, en vous confiant à des mains si respectables, et vous ne vîtes que l'agrément ou la peine que vous pourriez craindre ou vous promettre au milieu de ces paisibles murs. Depuis, élevées par une amie qui travaille constamment à votre bonheur, instruites par des maîtres qui joignent la douceur au talent, vos craintes se sont dissipées, votre espoir est devenu une réalité; vous avez joui auprès de vos compagnes de tous les plaisirs qui peuvent s'allier à une étude suivie, et vous avez remercié vos parens de la détermination heureuse qui vous fixa dans cette enceinte pour tout le temps que durera votre éducation.

Mais avez-vous bien senti ce que doit produire en vous cette éducation ? Savez-vous précisément ce qu'il faut que vous acquerriez ici pour répondre à l'attente de vos familles ? Voyez-vous clairement le modèle sur lequel il faut que vous vous formiez ? Il est un mérite qui nous rend agréables, il est fondé sur les talens ; un mérite qui nous rend aimables, il est fondé sur les qualités ; un mérite qui nous rend estimables, il est fondé sur la vertu. Ces trois espèces de mérite forment le précieux ensemble que votre intérêt demande à votre émulation : c'est par conséquent à les acquérir dans le degré qu'il vous est possible d'atteindre, que vous devez employer

employer toutes les facultés de votre ame; malheur à vous, si vous pouviez jamais vous reprocher d'avoir négligé des devoirs de l'accomplissement desquels dépendent l'honneur et la félicité de vos jours!

Pour éloigner de vous ce malheur irréparable, nous allons parcourir les trois espèces de mérite que nous venons de vous indiquer. La nature vous a donné à toutes les dispositions nécessaires pour devenir agréables, aimables, estimables, dans le sens que les bons esprits attachent à ces mots. Ecoutez-nous avec la ferme résolution de profiter de ce que notre amitié nous inspirera pour votre avantage; et souvenez-vous qu'il n'est aucune de nos paroles qui ne soit dirigée vers votre bonheur.

I. Un des motifs de l'excellente éducation que l'on vous donne, jeunes élèves , est donc de vous faire acquérir des connoissances et des talens ! Eh ! quelle autre intention pouvoient avoir vos parens en vous plaçant dans une maison où l'on trouve, pour la grammaire, l'histoire, la géographie, le calcul, la musique, la danse, le dessin, les premiers maîtres de cette ville ; et où avec un zèle que rien ne décourage, ces maîtres s'occupent de vos progrès ?

La *grammaire* nous fait connoître notre langue, et nous apprend à la parler correctement. Quelle honte pour vous, si, quand vous serez dans le monde, au milieu de gens polis et instruits, vous ne saviez ni suivre une conversation, ni écrire une lettre, et si vous remplissiez l'une de fautes d'orthographe, l'autre d'expressions vicieuses ! Dans quelques pays, les femmes parlent avec pureté plusieurs langues : notre nation seroit-elle la seule où la langue nationale même seroit négligée ? Cette ignorance est le cachet de la mauvaise éducation. L'*histoire* met devant nos yeux tout ce qui s'est passé de mémorable dans les siècles antérieurs : combien n'auriez-vous pas à rougir un jour d'ignorer les grands évènemens qui ont agité la terre, l'Europe, votre patrie, et de ne montrer qu'une ignorance profonde dans un cercle où la conversation ramèneroit les esprits à ces utiles objets ! La *géographie* est la connoissance des villes, des fleuves, des gouvernemens répandus sur la surface du globe, et de tous les changemens qui se sont opérés dans chacun d'eux. Qu'il seroit humiliant pour vous, au sortir de cette maison, de n'être pas même en état d'entendre la lecture d'une gazette, de ne pouvoir suivre sur la carte le voyage d'un père ou d'un parent chéri ! L'*arithmétique* est la science des nombres ; elle donne la facilité de faire sur-le-champ les comptes les plus difficiles. N'éprouveriez-vous pas quelques regrets si, lorsque vous dirigerez les affaires de votre famille, vous ne saviez pas calculer l'emploi de vos revenus, et vous deveniez, par cette ignorance, le jouet de vos domestiques, et l'auteur de la ruine de vos enfans! La *musique* est l'art de composer, de lire, et d'exécuter des pièces qui puissent vous délasser de vos travaux, et vous rendre agréables à la société de vos parens; cet art aimable peut quelquefois charmer leurs peines, les distraire des soucis de votre fortune et de votre bonheur. Combien de reproches vous auriez à vous faire un jour, si vous négligiez ce nouveau moyen de leur plaire! La *danse* n'a qu'un temps bien court, il est vrai; il faut même bien connoître la maison où elle vous réunit, pour pouvoir vous livrer innocemment à cet exercice; et il est nécessaire qu'une jeune personne sache que, tel qu'on le voit aujourd'hui, il offre plus d'un danger; mais, dessiner bien votre corps, mettre de la dignité dans votre démarche, vous présenter avec une grace modeste, est-ce un avantage que vous puissiez négliger ? Enfin, le *dessin* présente aux yeux des traits chéris, des scènes intéressantes, des paysages charmans : ne serez-vous pas un jour satisfaites de pouvoir rendre au moins au crayon des objets qui plairont ou à vous ou aux autres; et n'auriez-vous pas, dès ce moment, quelque reproche à vous faire, si, au souvenir de tant de jeunes personnes qui excellent dans ce genre d'ouvrage, vous n'y appliquiez pas sérieusement votre main ?

En vain donc vous promettrez-vous d'être agréables aux personnes dont le suffrage honore, dès que vous ne profiterez pas de toutes les ressources que vous procure à cet égard votre éducation. On ne peut pas tout savoir au même degré : les unes sont plus habiles dans le dessin, les autres dans la musique; celles-ci étudient avec plus de succès la géographie et l'histoire; celles-là, leur langue et l'art de l'écrire correctement. Mais, n'avoir aucune de ces connoissances, ni de ces talens, ou les avoir dans un si foible degré, qu'une ignorance absolue donneroit lieu peut-être à de moins honteuses méprises, c'est se préparer le malheur de ne plaire à personne, et d'être toujours plus mécontente de soi. Si à ce malheur déjà grand, on joint le malheur plus grand encore d'avoir une mauvaise écriture, et de ne savoir pas lire d'une manière qui fasse entendre et sentir aux autres ce qu'on lit, c'est, sur ce point essentiel, une éducation inutile; et l'on est bien loin d'avoir acquis le mérite qui nous rend agréables dans le monde honnête auquel nous sommes destinés.

Et ne croyez pas que vous eussiez cela de commun avec beaucoup d'autres: jamais l'instruction des jeunes demoiselles ne fut plus soignée, et n'eut de succès plus véritables qu'en ce moment. Quand vous entrerez dans le monde, vous y trouverez des personnes de votre sexe et de votre âge, qui réunissent des connoissances et des talens autrefois très rares dans leurs semblables; et vous vous trouverez bien déplacées auprès d'elles, si, dès à présent, vous ne vous appliquez de toutes vos forces à profiter des études qui les ont conduites à ce degré de perfection.

On a objecté, contre toute femme qui sait plus que l'économie domestique, que cette instruction tend seulement à remplir l'esprit du sexe d'une ridicule vanité; que cette vanité, emportant les femmes au delà de leurs propres occupations, produit une indifférence, si ce n'est un oubli total de leurs affaires de famille, et ne sert qu'à les rendre épouses inutiles, et compagnes sans douceur. Montaigne, dans son ancien mais énergique langage, requiert « d'une femme

» mariée, au-dessus de toute autre vertu,
» la vertu économique : c'est sa maî-
» tresse qualité, dit-il, et qu'on doit
» chercher avant toute autre chose, com-
» me le seul douaire qui sert à ruiner ou
» à sauver nos maisons. Je vois avec dé-
» pit dans plusieurs ménages, ajoute-t-il,
» monsieur revenir tout maussade et
» tout marmiteux du tracas des affaires
» environ midi que madame est à se
» coiffer et attiffer dans son cabinet.
» C'est à faire aux reines : encore n-
» sais-je ! »

Il faut avouer que bien des femmes
ont donné matière à cette imposante ob-
jection, répond une aimable Angloise,
et si l'on pouvoit prouver que les connoissances, les talens, produisent constamment les mêmes effets dans tout le
sexe, il seroit certainement très raisonnable de le borner aux simples détails
domestiques d'une maison ; mais, en ré-
fléchissant, on verra, je crois, que de

pareils abus ne naissent point des véritables talens, des connoissances réelles, mais d'une affectation de science vide de toute réalité. La vanité n'est jamais le résultat du vrai savoir ni du vrai talent : une femme sensée sera bientôt convaincue que tout ce qu'elle a acquis par la plus grande application est, par la différence de l'éducation, beaucoup au dessous de ce qu'a acquis un jeune homme sortant de la poussière des classes; et cette réflexion, si la femme dont il s'agit n'a pas un orgueil incurable, mettra un frein à ses absurdes prétentions. Eh! pourquoi, dit un grand homme, les femmes ne cultiveroient-elles pas les sciences et les arts? ces études perfectionnent la raison ; et l'esprit donne des graces. Il a été un temps, en France, où les hommes pensoient déroger, et les femmes sortir de leur état, en osant s'instruire : les uns ne se croyoient nés que pour la guerre ou pour l'oisiveté; les autres, que pour la frivolité ou la coquetterie. Quelle folie de rougir du mérite de la science! L'esprit orné est une beauté de plus : c'est un nouvel empire.

Cependant ce seroit une grande erreur de croire que l'unique et même le but le plus important de votre education fût de vous rendre agréables, et que toutes les dépenses, tous les soins de votre famille se terminassent au plaisir de vous voir un jour des connoissances et des talens. Leur intérêt et votre bonheur exigent que vous deveniez aimables, et, pour cela, que vous acquerriez ou que vous perfectionniez en vous les qualités qui nous font aimer. Et quelles sont ces qualités? d'abord l'*indulgence*, qui est le fruit d'une patience raisonnée, d'une grande habitude de nous vaincre, et se fonde sur la persuasion intime qu'afin d'obtenir grace pour nos foiblesses ou nos défauts, nous devons pardonner et souffrir les défauts et les foiblesses des autres ; la *complaisance*, qu'on peut définir une disposition habituelle de se conformer aux volontés justes et aux goûts raisonnables des personnes avec lesquelles nous vivons; la *douceur*, qui a des droits sur toutes les ames, à qui les êtres même vicieux rendent hommage, et par qui les caractères les plus violens se laissent fléchir; la *tolérance*, d'autant plus nécessaire dans la société, que rien n'est à la fois plus tyrannique et plus insensé que de haïr ou tourmenter nos semblables parce qu'ils ne pensent pas comme nous; la *propreté*, devoir spécial indispensable, imposé par la nature à une femme plus encore qu'à un homme, et sans laquelle la plus belle personne manque de son plus bel ornement ; la *politesse*, qui consiste à ne rien faire, à ne rien dire qui puisse déplaire aux autres, à faire et à dire tout ce qui peut leur plaire, sauf les droits de la vérité, de l'honneur, de la vertu, et cela avec des manières, une façon de s'exprimer, qui nous concilient l'attention et la bienveillance; l'*affabilité*, au moyen de laquelle nous témoignons à ceux que la société a placés dans une classe inférieure, qu'ils sont nos semblables, et que, malgré la nécessaire différence des fortunes, nous n'oublions pas la loi primitive de l'égalité; la *bienfaisance*, qualité si précieuse, que celui qui consacre son bien ou son crédit au soulagement des pauvres, à l'appui du mérite, à la consolation des infortunés, se rapproche de la divinité par son penchant à servir les hommes; le *désir de plaire*, par lequel, sans bassesse et sans vanité, nous prouvons aux autres que nous ne les oublions pas, que nous nous occupons d'eux, que nous ne perdons pas de vue ce que nous leur devons, et que nous cherchons avec empressement les occasions de leur être agréables; la *bienveillance*, qui comprend tous les hommes dans notre amour, et, leur désirant tout le bien qui peut leur arriver, se croit heureuse de pouvoir y contribuer elle-même : on peut résister à tout, hors à la bienveillance ; il n'y a pas de moyen plus sûr d'acquérir l'affection des autres, que de leur donner la sienne ; la *décence*, qui n'est que la conformité de sa conduite avec ce que la société où l'on vit a jugé convenable, et qui prescrit de ne jamais heurter de front les coutumes généralement adoptées, quand elles n'ont rien de contraire au devoir ; la *bienséance*, qui est la convenance de notre conduite avec les temps, les lieux, les mœurs, les circonstances, les personnes avec lesquelles nous vivons, et consiste à mettre les hommes et les choses à leur place ; la *déférence*, qui craint de juger, de décider, de trancher devant des personnes ou plus âgées ou plus instruites, ou plus sages que nous, et, se défiant sans cesse de son avis, est toujours prête à céder à celui des autres ; la *bonho-mie*, fille aimable de la simplicité, et qui rend nos sociétés d'autant plus attentives à nos agrémens, que nous les ignorons davantage nous-mêmes : la *gaîté*, qui, toujours riante, toujours égale, toujours innocente, glisse sur les peines, s'arrête sur les plaisirs, et s'amuseroit où la plupart des autres s'ennuient ; enfin, *cette sûreté dans le commerce de la vie*, qui fait que non seulement on ne dit rien qui puisse nuire, mais qu'on écoute avec improbation, ou l'on combat avec zèle ce qui peut blesser, décidée à ne jamais trahir le secret d'autrui, et à ne vouloir deviner celui de personne.

Voilà, jeunes élèves, quelles sont en général les qualités qui peuvent vous rendre aimables, et sans lesquelles il seroit difficile que vous pussiez vous faire aimer. La nature ne les accorde pas dans une égale mesure à ses enfans. Il en est même qui paroissent en être

DE MORALE. 63

privés. Si on les abandonnoit à eux-
mêmes dans les premiers ans, il seroit
à craindre que leur caractère, formé
de défauts contraires, ne devînt aussi
dangereux qu'insupportable : aussi, l'é-
ducation est-elle absolument nécessaire
pour corriger les uns, perfectionner
les autres ; sans éducation quelconque,
on est peu digne de vivre en société.
Quel bonheur pour vous d'être con-
fiées à une amie qui, autant par ses
exemples que par ses leçons, vous apprend à devenir aimables, et ne laisse
échapper aucune occasion de vous faire
sentir que vous ne pourrez vivre agréablement dans le monde, qu'autant que
vous y porterez des qualités que chacun
aime à y rencontrer ? Il me semble entendre cette bonne amie, dire avec tendresse à chacune de vous : « Mon en-
» fant, il ne dépend que de vous d'être,
» ou de devenir douce, complaisante,

» polie, indulgente, pleine du désir d'o-
» bliger; d'avoir de la décence, de l'af-
» fabilité, de la discrétion, de la grâce;
» de contenter vos parens, de respecter
» vos maîtres, de servir vos compagnes;
» de réunir, en un mot, toutes les qua-
» lités qui font chérir. Que gagneriez-
» vous à vous laisser dominer par l'a-
» mour-propre, la hauteur, l'indocilité,
» la jalousie? Et que n'auriez-vous pas
» à souffrir ici, dans votre famille, dans
» le monde, si, au lieu d'acquérir ou
» de perfectionner les qualités qu'on
» aime, vous contractiez ou vous con-
» serviez des qualités qu'on ne peut
» que haïr? Par votre sexe, par votre
» état, par votre patrie, vous êtes des-
» tinée à devenir épouse et mère; à
» faire le bonheur de votre mari et de
» vos enfans; comment le mariage ne
» seroit-il pas un jour pour vous le
» joug le plus dur, si vous n'y apportiez

» pas un caractère formé par des quali-
» tés essentielles ? On peut paroître ai-
» mable à des personnes qu'on voit rare-
» ment, quoiqu'on ait bien des défauts
» qui déplaisent, parce qu'on peut si
» bien s'observer devant elles, qu'on ne
» se montre jamais telle qu'on est ; mais
» pour être toujours aimable aux yeux
» d'un époux qu'on voit tous les jours,
» et à tout moment, il faut une réunion
» de qualités dont le charme se renou-
» velle sans cesse ; et ce n'est pas quand
» il en faut faire usage, qu'il est temps
» de les acquérir. Si vous saviez com-
» bien il y a de femmes malheureuses
» pour n'avoir pas su gagner l'affection
» de leurs maris ! Et pourquoi n'ont-
» elles pas su s'en faire aimer? parce qu'à
» votre âge, dans votre position, elles
» ont négligé le devoir si pressant de
» former leur caractère à supporter ce-
» lui des autres, et qu'elles n'ont au-
» cune de ces qualités aimables qui at-

» tachent les hommes les moins aimants.
» Mon enfant, ajoute cette bonne amie,
» vous savez combien vous m'êtes chère;
» l'affection de la meilleure des mères
» n'est pas plus tendre que celle que je
» sens pour vous. Eh bien! je le dis de-
» vant le ciel qui m'entend, j'aimerois
» mieux que la mort même vous ravît à
» mon amour, que de vous voir un
» jour malheureuse, pour n'avoir pas
» acquis les qualités qui assurent le bon-
» heur de la vie ».

C'est ainsi, jeunes élèves, que vous parle votre institutrice, dans les heures que sa tendresse, guidée par sa prudence, choisit pour éclairer votre ame et former vos mœurs; et si ces conseils dans notre bouche ont pu vous toucher, que doit-ce être quand vous les entendez de la sienne! Combien vous seriez coupables si, oubliant l'impression qu'ils doivent vous faire, vous négligiez les occasions où vous pouvez les mettre à profit! Nous sommes trop persuadés de leur influence et de votre docilité, pour croire que vous n'êtes pas entièrement déterminées à agir d'après l'impulsion qu'ils vous donnent, et nous serions bien étonnés que, malgré les secours qu'on vous prodigue, vous ne fissiez pas des progrès sensibles dans l'acquisition ou le perfectionnement des qualités qui nous font chérir.

III. Mais un troisième mérite que doit vous procurer votre éducation, c'est celui qui nous rend estimables; il est fondé sur les vertus. N'allez pas confondre ici, jeunes élèves, la *vertu* avec les *vertus*. La *vertu*, en général, est cette disposition habituelle qui, malgré les difficultés sans nombre qui s'opposent à l'accomplissement de nos devoirs, nous les fait pratiquer avec courage; dans les dernières leçons que nous vous avons faites, nous avons pris le mot de *vertu* dans cette acception. Quant aux vertus, elles sont, dans notre âme, le résultat de nos efforts; elles naissent de la force que nous mettons à triompher habituellement des obstacles; de sorte que c'est, si j'ose le dire, par la vertu que nous acquérons des *vertus*.

Toutes les vertus ne conviennent pas également aux deux sexes : quel besoin avez-vous de la valeur qui fait voler aux combats? Ce n'est pas que le courage soit étranger aux femmes. Ne pleurez pas, disoit à ses parens, une Lacédémonienne, couchée auprès de son fils blessé et mourant, ne pleurez pas; il étoit digne de son père et de moi. Au Japon, les servantes mêmes se donnent la mort pour un léger affront. Chez les Brames, des femmes qui n'ont été quelquefois que des épouses acariâtres, se brûlent avec joie sur le tombeau de leur époux. Au Congo, douze jeunes filles se disputent à qui se précipitera la première dans le tombeau du roi, où elles doivent être enfermées auprès de son cadavre. On sait quelles furent les femmes de Sénèque, de Brutus et de Caton. Mais les vertus domestiques, paisibles, simples, obscures, sont celles que la société et la nature vous commandent. Pour jouir de vos avantages, il n'est pas nécessaire que vous usurpiez nos droits : quel malheur pour vous si, ne pouvant bien ménager les uns et les autres, parce qu'ils sont incompatibles, vous restiez au-dessous de votre portée, sans vous mettre à la nôtre, et perdiez ainsi la moitié de votre prix ? Croyez-moi, mère judicieuse, s'écrie un auteur, ne faites point de votre fille un honnête homme, comme pour donner un démenti à la nature : faites-en une honnête femme, et soyez sûre qu'elle en vaudra mieux pour elle et pour nous.

D'après ces principes, aussi anciens que le monde, et aussi sages que la raison, quelles sont donc les vertus que vous devez acquérir, pour vous rendre estimables, et vous former un mérite qui vous assure le suffrage des deux sexes dans tous les temps? Premièrement la *pureté des mœurs*, c'est-à-dire cet amour invincible de l'honnêteté qui fait regarder tout ce qui peut souiller l'ame, comme un crime, et persuade à une jeune personne que la mort est mille fois préférable au déshonneur. Sophie aime la vertu, dit l'écrivain déjà cité: cet amour est devenu sa passion dominante; elle l'aime parce qu'il n'y a rien d'aussi beau que la vertu; elle l'aime parce que la vertu fait la gloire de la femme, et qu'une femme vertueuse lui paroît presqu'égale aux anges; elle l'aime comme la seule route du vrai bonheur, parce qu'elle ne voit que misère, abandon, malheur, ignominie, dans la vie d'une femme déshonnête; elle l'aime enfin comme chère à son respectable père, à sa tendre et digne mère; non contens d'être heureux de leur propre vertu, ils veulent l'être aussi de la sienne, et son premier bonheur à elle-même est l'espoir de faire le leur.

Secondement la *pudeur* ; cette vertu a de grands avantages, dit Madame de Lambert. Elle augmente la beauté, sert de voile à la laideur, dirige et règle les actions, pare et embellit la personne. La fable nous raconte que Jupiter, en formant les Vertus, leur donna à chacune sa demeure. La Pudeur fut oubliée, et quand elle se présenta on ne sut plus où la placer ; alors on lui permit de se mêler à toutes les autres, et depuis ce temps elle en est inséparable. C'est un grand lustre à une jeune personne que la pudeur !

Troisièmement, *le goût modéré des plaisirs*. Les concerts, les bals, les promenades, les spectacles peuvent jusqu'à un certain point être innocens. Mais est-il permis à une jeune personne de n'être pas extrêmement retenue sur tous ces amusemens? Y a-t-il de la dignité, de la décence, de l'avantage à se montrer toujours? Si on a de la beauté, ne faut-il pas craindre d'user le goût du public? Si l'on est sans grace, ne doit-on pas s'attendre à lui déplaire? Est-il possible qu'une modestie inaltérable se conserve au milieu d'une grande dissipation? Quand on ne vit que pour les plaisirs, vient bientôt un temps où, soit par raison, soit par bienséance, il faut les quitter; et l'ame tombe alors dans un vide si profond, qu'elle ne sait plus qu'entreprendre pour se former des occupations qui la sauvent de l'ennui, du dégoût, et de l'impatience.

Quatrièmement, *l'économie.* L'amour du luxe, des parures, de la dépense, entraîne la ruine; et la ruine est presque

que toujours suivie de la corruption des mœurs. Comment subvenir aux besoins d'une famille dont les revenus sont très-bornés, venir au secours d'un ami, d'un parent, d'un citoyen dans l'indigence, quand on n'a ni l'œil ouvert, ni la main économe, ni le goût modeste dans l'intérieur. J'ai peu de biens, disoit Pline à son ami, en lui renvoyant une obligation considérable, je suis forcé à beaucoup de dépenses; mais je me suis fait un fonds de frugalité, et c'est de ce fonds que je tire les services que je rends aux personnes que j'aime.

Cinquièmement, *le sage emploi du temps*. Rendez-vous compte de toutes vos heures, dit un ancien, afin qu'ayant profité du présent, vous ayiez moins besoin de l'avenir. Le temps fuit avec rapidité, apprenez à vivre, c'est-à-dire à en faire un bon usage; la vie n'est pas dans la rapide succession des années, mais dans le sage emploi qu'on en fait. Combien une jeune personne doit craindre de perdre un trésor aussi précieux! Quand, à la place de travailler aux heures indiquées, elle passe ces heures à ne rien faire, ou à faire des riens, elle contracte une habitude qu'elle ne pourra peut-être plus vaincre; et c'est de cette paresse honteuse que naîtront un jour dans son ame le goût de la parure, l'abus de la toilette, l'amour des spectacles, la fureur des visites, le besoin du plaisir, et tout ce qui peut abréger ce temps, dont la longueur assommante accable les femmes oiseuses.

Sixièmement, *l'empire sur soi-même.* Quoique vous soyiez ici sous la puissance de la douceur, que la société que vous y avez trouvée vous plaise, qu'il n'y ait aucune de vos maîtresses qui ne vous attache par son aménité, il est cependant encore bien des momens où vous sentez la n cessité d'employer votre courage pour contenir votre vivacité. Que sera-ce donc quand vous serez retournées dans vos familles, au milieu d'un monde où chaque jour un être raisonnable se trouve contrarié? Qui ne sait pas se modérer, se vaincre, rester maître de soi, ne vivra pas long-temps en bonne intelligence avec ses semblables, deviendra l'esclave de quiconque sait commander à ses sens, et se verra sans cesse ballotée entre le malheur des évènemens et les injustices des hommes.

Septièmement, *la tendresse envers ses parens*. Dès l'ouverture de notre Cours de Morale, nous vous recommandâmes ce devoir. Nous avons trop bonne idée de vous pour craindre que vos cœurs n'aient oublié des leçons si importantes. Mais en vous parlant des vertus qui rendent estimables, pouvions-nous oublier l'amour filial? Malheur à la fille dénaturée qui ne chériroit pas les respectables auteurs de ses jours! Sa jeunesse seroit méprisée, sa vieillesse abandonnée, son tombeau déshonoré; et l'on ne se souviendroit de son existence que pour flétrir sa mémoire.

Huitièmement, *le respect pour la vieillesse*. Existe-t-il rien de plus odieux qu'une jeune personne qui, loin d'avoir des égards, des soins, de la déférence pour les vieillards, se permettroit des plaisanteries envers cet âge vénérable, et croiroit, en prétextant les goûts de sa jeunesse, justifier l'irréflexion de ses procédés? Nous pourrions peut-être excuser celle que la vivacité rendroit quelquefois injuste envers ses compagnes; de semblables torts, réparés avec franchise, ne font souvent que serrer davantage les doux liens de l'amitié; mais s'il en étoit une parmi vous qui n'eût ni attentions, ni sentimens pour les personnes d'un âge avancé, nous plaindrions amèrement l'infortuné dont elle deviendroit un jour l'épouse.

Un vieillard d'Athènes cherchoit place au spectacle, et n'en trouvoit point ; des jeunes gens le voyant en peine, lui font signe de loin ; il vient, mais ils se serrent et se moquent de lui. L'octogénaire fait ainsi le tour du théâtre, fort embarrassé de sa personne, et toujours hué de la belle jeunesse. Les ambassadeurs de la ville de Lacédémone s'en apperçoivent, et se levant aussitôt, placent honorablement le vieillard au milieu d'eux ; cette action est remarquée de toute l'assemblée, et applaudie d'un battement de mains universel. « Eh! que de maux ! s'écrie alors le bon vieillard d'un ton de douleur ; les Athéniens savent ce qui est honnête, mais les Lacédémoniens le pratiquent ».

Cependant, pourrois-je épuiser dans une leçon les détails qu'exigeroient les vertus qui nous rendent estimables ; et ne suffit-il pas de vous avoir indiqué celles qui vous sont plus nécessaires pour obtenir l'estime à laquelle vous devez aspirer? Terminons ici les preuves des vérités que je vous ai d'abord annoncées ; et pour vous montrer le fruit qu'il faut que vous retiriez de cette morale, tâchons de vous appliquer les trois réflexions bien simples qui ont partagé ce discours.

On rencontre dans le monde des femmes qui, pour la musique, le dessin, la littérature même, réunissent des talens distingués ; mais elles n'ont ni qualités essentielles ni véritables vertus. Tout se réduit, chez elles, à ces riens dont les personnes frivoles s'amusent ; c'est le mérite agréable, nous l'avons désigné par ce mot. On trouve d'autres femmes qui, sans avoir ces connoissances, ont de la douceur, de la gaîté, de la complaisance, et tous les sentimens honnêtes qui suffisent à la sûreté du commerce, et à l'agrément de la société; c'est le mérite que nous avons qualifié d'aimable, parce qu'effectivement, quand on le possède, on finit toujours par se faire aimer. Il est des femmes qui, n'ayant ni ces talens qui amusent, ni ces qualités qui plaisent, ont cependant des vertus auxquelles les gens, même les plus vicieux, rendent hommage; et c'est le mérite vraiment estimable, s'il est quelque chose sur la terre qui mérite d'être estimé. Enfin, il existe des femmes qui ont et des talens, et des qualités, et des vertus; elles sont tout à la fois, agréables, aimables, estimables, et font autant le bonheur de leurs familles que le charme de leurs sociétés.

Je ne vous demande point si la femme qui réunit les talens aux qualités et les qualités aux vertus, ne vous paroît pas infiniment préférable à toutes les autres. Une question pareille n'auroit ni convenance ni motifs; mais je vous demande si, obligées d'opter entre ces différens mérites, vous ne choisiriez pas celui qui ne seroit fondé que sur les vertus? Les talens sont sans doute bien agréables; ils contribuent au plaisir des autres, et à notre propre amusement. Les qualités sont plus désirables encore, puisqu'elles nous rendent aimables aux yeux des personnes dont les sentimens nous sont précieux; mais, ni ces talens ni ces qualités valent-ils les vertus que tout le monde estime? J'aurois une idée bien désavantageuse de la jeune fille qui balanceroit dans son choix.

Ce n'est pas sur ce choix que nous craignons de votre part une erreur funeste: nous savons ce que votre ame naïve et pure cherche avec plus d'ardeur. L'objet précis de cette leçon est de vous déterminer à acquérir le triple mérite des talens, des qualités, et des vertus; à faire tous vos efforts pour devenir à la fois agréables, aimables, estimables, et à être un jour non seulement des femmes qui ont du mérite, mais des femmes de mérite dans toute l'étendue de l'expression.

Eh! pourriez-vous jamais perdre de vue ce but essentiel de votre éducation? auriez-vous le malheur de ne pas viser au précieux ensemble qui constitue le vrai mérite? Seroit-il dit que quelqu'une de vous, se souciant peu des vertus solides, n'ambitionnât que les agréables talens? *Páris* donna la pomme à la plus belle, vous le savez. Mettez *Nestor* à la place de *Páris*, il l'eût donnée à la plus vertueuse, et son jugement eût eu plus de sagesse, s'il avoit eu moins de célébrité. Pour nous, jeunes élèves, nous donnerons toujours le prix à celle de vous en qui nous reconnoîtrons le plus de vrai mérite, c'est-à-dire à celle qui possèdera en même temps et plus de talens, et plus de qualités, et plus de vertus.

DISCOURS

SUR LA SIMPLICITÉ QUI CONVIENT AUX JEUNES PERSONNES.

Toute affectation finit par se déceler, et l'on retombe alors au dessous de sa valeur réelle.

DUCLOS.

S'IL est dans les jeunes personnes une qualité qui ajoute à la grace qui les embellit, et à l'intérêt qu'elles inspirent, c'est incontestablement la simplicité; qualité d'autant plus précieuse qu'elle est plus rare parmi les femmes, et que du désir même de plaire, naît trop souvent en elle l'affectation qui déplaît. Voyez Eléonore, à cet âge où une fille ne trouve rien de si agréable que de se faire applaudir. La beauté de ses traits, l'éclat de son teint, l'élégance de sa taille préviennent en sa faveur. Les personnes auxquelles elle est présentée seroient, au premier coup-d'œil, très disposées à la trouver aimable ; d'où vient donc que, dès qu'on l'a connue, on ne pense plus qu'à la critiquer ? c'est qu'Eléonore n'a rien de naturel dans ce qu'elle fait, dans ce qu'elle dit ; que plus on la voit, plus on lui trouve de prétentions ; et que cette simplicité qui convient si fort à un sexe, dont la modestie est l'apanage le plus intéressant, lui paroît le partage des ames vulgaires. Voyez, précisément au même âge, cette Sophie, qui se cache, au milieu de ses compagnes, comme une violette parmi des lis ; ses yeux n'ont rien de vif, ses traits rien de piquant ; sa taille n'a rien de noble, sa parure rien de distingué. Les sociétés où elle paroît pour la première fois ne la remarquent pas d'abord ; pourquoi donc plus on l'y reçoit, plus elle y obtient de suffrages ? c'est que Sophie est bonne, simple, naturelle, sans artifice, sans finesse, sans art ; qu'elle se montre telle qu'elle est, pleine d'attention pour les autres, et de défiance de soi-même ; et qu'il n'est aucune de ces qualités estimables qu'elle gâte ou par un ton précieux, ou par un air affecté.

Touchante simplicité ! heureux attribut des jeunes personnes bien élevées ! sentiment délicat qui naissez de la naïveté, de la modestie et de la bonté du cœur ! que ne puis-je vous offrir aujourd'hui avec tous vos charmes, et persuader à la jeunesse qui m'écoute que, sans vous, elle ne pourra jamais ni plaire, ni s'estimer ! Un célèbre moraliste a dit : « Nous gagnerions plus à nous laisser voir tels que nous sommes, que d'essayer de paroître ce que nous ne sommes pas ». Excellente maxime, et qui doit porter les jeunes personnes à éloigner d'elles tout ce qui sent la recherche et la dissimulation. Simplicité dans les manières, dans les discours, dans les sentimens, dans les parures, dans les jugemens, dans les talens, dans les vertus. Rendez-vous attentives à des détails dont vous connoîtrez vous-mêmes la vérité; et afin qu'ils vous deviennent utiles un jour, commencez dès à présent à en sentir l'importance.

I. *Simplicité dans les manières.* Quand vous serez dans le monde, jeunes élèves, vous verrez que les ridicules qu'on y pardonne le moins, et sur lesquels les plaisans, qui y sont en si grand nombre, lancent le plus d'épigrammes, ce sont ces gestes maniérés, ces tons étudiés, ces attitudes théâtrales par lesquels une jeune personne croit ajouter à ses attraits. A peine a-t-elle quitté le salon où elle est entrée avec tant d'affectation, où elle a fait tant de minauderies, et d'où elle est sortie avec tant de certitude d'y avoir brillé, que les satires se multiplient, et que son portrait peint avec la malignité qu'y mettent toujours les oiseux, espèce si redoutable, est dès le lendemain officieusement transmis dans toutes les autres sociétés. Quel dommage, s'écrient les moins méchans, qu'une jeune personne qui a, dit-on, de l'esprit, et qui certainement a de la beauté, nuise à ces dons naturels par des manières si peu naturelles, et préfère une odieuse recherche à une aimable simplicité ! *L'esprit, les graces, les charmes qu'on veut avoir, gâtent toujours ceux que l'on a.* D'où vient que ses parens ne la ramènent point à un extérieur plus simple ? Les grimaces d'une demoiselle de la ville sont plus ridicules que les gaucheries d'une fille du hameau.

Eh ! combien les jeunes personnes se mettroient en garde contre un défaut semblable, si elles savoient qu'il est un de ceux dont on se corrige le moins ! Persuadée qu'il n'y avoit rien qui fît tant valoir les paroles que les gestes, une femme les multiplioit à un tel point, et avec si peu de grace, qu'elle ressembloit par fois à l'une de ces figures grotesques qu'on agite par d'invisibles ressorts; son mari, qui l'aimoit beaucoup, parce qu'elle avoit d'ailleurs un mérite réel, employa tous les moyens pour lui faire perdre cette manie : ses peines furent entièrement inutiles ; et à soixante ans, sa femme gesticuloit encore avec une affectation risible, au milieu de l'entretien le plus familier.

II. *Simplicité dans les discours.* Le talent de parler, dit un auteur, tient le premier rang dans l'art de plaire : c'est par lui seul qu'on peut ajouter de nouveaux charmes à ceux auxquels l'habitude accoutume les sens ; c'est l'esprit qui non seulement vivifie le corps, mais qui le renouvelle en quelque sorte; c'est par la succession des sentimens et des idées, qu'il anime et varie la physionomie ; et c'est par les discours qu'il inspire, que l'attention, tenue en haleine, soutient long-temps le même intérêt sur le même objet. Mais il n'en est pas moins vrai qu'un des premiers devoirs des jeunes personnes est de parler rarement, de s'accoutumer à le faire d'une manière précise, et d'éviter sur-tout de se servir de ces termes que souvent elles-mêmes ne comprennent pas. Pythagore disoit à ses disciples : Taisez-vous, ou dites quelque chose de meilleur que le silence. Je me suis quelquefois repenti d'avoir parlé, s'écrioit Xénocrate, jamais de m'être tû. Que chacun de vous, ajoutoit un sage, soit prompt à écouter, et lent à parler. Il est, sans comparaison, plus aisé de ne point parler du tout, ou très rarement, que de le faire comme il faut. Hélas! au sortir d'une maison d'instruction, et même lorsqu'elles y sont encore, combien d'élèves n'ont-elles pas de reproches à se faire sur ce point important ! Voyez *Adélaïde*, elle prend la facilité de s'énoncer et la vivacité de l'imagination pour l'esprit; elle s'écoute avec une satisfaction marquée; plus elle a débité de phrases, plus elle croit avoir obtenu de succès. Prêtez l'oreille à *Célestine*; elle connoît à fond l'art d'allonger les récits; et jamais on n'a accumulé tant de paroles qu'elle en dit, pour vous conter toutes les inutilités qui ont rempli sa journée. Entendez *Fanny*; c'est un discours préparé, étudié, recherché; nulle expression qui n'y sente la boursouflure; elle vous peindroit le lever brillant de l'aurore aux doigts de rose, pour vous annoncer qu'elle s'est levée à la pointe du jour. Les gens qui ont peu d'affaires sont de très grands parleurs, dit Montesquieu; moins on pense, plus on parle: ainsi, les femmes parlent plus que les hommes; à force d'oisiveté, elles n'ont point à penser. Une nation où les femmes donnent le ton est une nation parleuse.

Evitez avec soin ce défaut, jeunes élèves, et sur-tout ce qui pourroit faire croire à ceux qui vous écoutent que vous visez à la réputation de bel esprit. Soyez réservées à montrer jusqu'à votre simple bon sens, de peur qu'on ne croie que vous prétendez à quelque supériorité : le grand art de plaire dans la conversation, est de faire en sorte que les autres y soient contens d'eux-mêmes; et l'on arrive plus facilement à ce but, en écoutant, qu'en parlant. Parler peu, dit un proverbe indien, est précieux comme l'argent ; ne point parler, est précieux comme l'or. Voyez comme on censure les personnes qui veulent parler de tout, décider de tout, trancher sur tout. Montrez de la naïveté, de la franchise, de la bonhomie dans vos entretiens : qu'on ne puisse pas vous supposer ce caractère avantageux qui compte avec assurance sur les applaudissemens. Ecoutez avec cette attention qui plaît plus que tous les discours; parlez rarement, et ne parlez jamais de vous; ne dites point de choses inutiles; et exprimez-vous d'une manière si modeste, que l'amour-propre d'autrui, naturellement ennemi de toutes les prétentions qui ne sont pas les siennes, ne puisse jamais en être offensé. N'ayez point honte de ces instans où la vivacité de la conversation fait place à un silence inévitable et nécessaire, pour se reposer et faire naître d'autres réflexions; et laissez vous accuser de stérilité dans les entretiens, plutôt que de parler aux dépens de la vérité, de l'humanité, de la vertu, des mœurs, et de la décence. Une fille en âge de plaire n'a pas besoin de parler, dit Ménandre, son silence même est éloquent; la persuasion s'assied sur ses lèvres closes.

Quel homme insensible et barbare, s'écrie Rousseau, n'adoucit pas sa férotité, et ne prend pas des manières plus attentives près d'une fille de seize ans, aimable et sage, qui parle peu, qui écoute, qui met de la décence dans son maintien, et de l'honnêteté dans ses propos, à qui sa légèreté ne fait oublier ni son sexe ni sa jeunesse, qui sait intéresser par sa timidité même, et s'attirer le respect qu'elle porte à tout le monde ! Le ton de la bonne conversation, ajoute-t-il, est coulant et naturel; il n'est ni pesant, ni frivole; il est savant sans pédanterie, gai sans tumulte, poli sans affectation, galant sans fadeur, badin sans équivoque: ce ne sont ni des dissertations ni des épigrammes; on y raisonne sans argumenter; on y plaisante sans jeu de mots; on y associe avec art l'esprit et la raison, les maximes et les saillies, l'ingénieuse raillerie et la morale austère; on y parle de tout, pour que chacun ait quelque chose à dire; on n'approfondit point les questions, de peur d'ennuyer : on les propose comme en passant ; on les traite avec rapidité : la précision mène à l'élégance. Chacun dit son avis, et l'appuie en peu de mots nul n'attaque avec chaleur celui d'au trui ; nul ne défend opiniâtrément le sien : on discute pour s'éclairer, on s'a rête avant la dispute; chacun s'instruit chacun s'amuse; tous s'en vont conten et le sage même peut rapporter de c entretiens des sujets dignes d'être m dités en silence.

III. *Simplicité dans les sentimens.* L femmes, dit Fénélon, sont nées arti cieuses, et elles font de longs déto pour venir à leur but; elles estiment finesse. Eh ! comment ne l'estimeroie elles pas, puisqu'elles ne connoissent p de meilleure prudence, et que c'est d' dinaire la première chose que l'exem leur a enseigné. Elles ont un natu souple pour jouer toutes sortes de co dies; les larmes ne leur coûtent ri

leurs passions sont vives, et leurs connoissances bornées ; de là vient qu'elles
ne négligent rien pour réussir, et que les
moyens qui ne conviendroient pas à des
esprits plus réglés, leur paroissent bons;
elles ne raisonnent guère pour examiner
s'il faut désirer autre chose ; mais elles
sont très industrieuses pour y parvenir.
Ainsi déguiser ses sentimens est, selon
l'illustre archevêque de Cambrai, un
vice qui n'est pas rare parmi les filles.
Qui oseroit démentir un homme qui
avoit si bien étudié le cœur humain ?

Ici, c'est une rusée qui, sachant qu'on
obtient tout de sa mère, quand on lui témoigne de l'attachement, se confond
auprès d'elle en protestations d'un sentiment très froid dans d'autres circonstances, et parvient ainsi à en arracher
les permissions, les futilités, les parures
dont elle a besoin pour satisfaire à la vanité de ses désirs. Là, c'est une ambi-
tieuse qui, voulant être préférée à ses

compagnes, montre à son institutrice une reconnoissance que son ame n'éprouve point; la flatte par toutes sortes de caresses, et profite de la tendresse qu'elle a conquise par ce manége, pour nuire à celle de ses rivales dont elle envie ou la figure ou les talens. Plus loin, c'est une insensée à qui la moindre expression de douleur, de la part d'un être quelconque, fait pousser des cris; les gémissemens, les plaintes, les pleurs ne lui coûtent rien; elle s'appitoie sur tout; ses nerfs sont aussi sensibles que son cœur; des scènes tragiques, au plus petit accident qui arrive; la mort de son serin la plonge dans le désespoir. Plus près enfin, c'est une hypocrite qui va embrassant, flattant, caressant toutes les compagnes qu'elle rencontre sur ses pas; elle dit à l'une qu'elle l'*aime*, à l'autre qu'elle l'*idolâtre*, à celle-ci qu'elle ne pourroit *vivre sans elle*, à celle-là qu'elle passeroit avec elle *sa vie dans un désert*

sert: elle est dans une *adoration perpétuelle*; et le miel coule de sa bouche, lorsque l'indifférence est dans son sein.

Ah! que toutes ces démonstrations sont loin de cette simplicité touchante qui accompagne l'expression des sentimens réels! Quand on aime ceux que l'on doit aimer, il est assurément bien doux de leur en donner des témoignages; c'est le charme de la piété filiale et de la tendre amitié! Mais la timidité, qui sied si bien au jeune âge, permet-elle de pareilles affectations? La vérité, sans laquelle les caresses les plus affectueuses n'ont aucun prix, ne frappe-t-elle pas de son improbation toute personne qui, par quelque motif que ce soit, feint les sentimens qu'elle exprime? et si l'on sentoit effectivement ce qu'on veut persuader au légitime objet de son amour, ne seroit-ce pas s'exposer à lui inspirer quelques doutes, que de se livrer, à son égard, à tant d'exagérations? Que des empressemens qui finissent par être ridicules ne puissent jamais vous être imputés. Ne courez point après cette réputation de sensibilité que la plupart des femmes cherchent à se donner dans le monde : lorsqu'on fait tant de bruit des sentimens que l'on témoigne, on donne presque aux autres le droit d'en soupçonner la réalité.

Simplicité dans les vêtemens. La vanité, dit Saint-Lambert, est sortie toute parée de la tête des femmes, comme Minerve est sortie tout armée de la tête de Jupiter. Quoi qu'il en soit de cette expression, il nous paroît hors de doute que ce ne soient les femmes qui ont imaginé la parure, et que ce ne soient encore elles qui, dans les deux sexes, donnent à cet égard le ton. « Les filles ont à peine atteint l'âge de quatorze ans, que les hommes cherchent à leur plaire; dès lors, dit Epictète, elles commencent à se parer, et mettent toutes leurs esprances dans leurs ornemens. Il faut leur faire comprendre qu'elles ne peuvent plaire et se faire respecter que par leur sagesse, leur prudence, et leur modestie. » Mais dans un temps où la mode exerce sur elles un souverain empire, et où les ajustemens sont aussi bizarres que variés, recommander à de jeunes filles d'être modestes et simples dans leur toilette, est-ce vouloir en être entendu ? Elles naissent avec un désir si violent de plaire, ce désir les rend si passionnées pour tout ce qui peut ajouter quelque grâce aux agrémens du corps, qu'il en est beaucoup parmi elles qui craindroient plus le désordre dans leurs coiffures que dans leurs maisons ; que les nouveautés en ce genre, quelque étranges qu'elles soient, les séduisent ; et qu'on voudroit en vain leur persuader que les charmes de la parure sont dans une élégante simplicité.

Les Parisiennes se mettent si bien, on

du moins elles en ont tellement la réputation, dit Jean-Jacques, qu'elles servent en cela, comme en tout, de modèle au reste de l'Europe. En effet, on ne peut employer avec plus de goût un habillement plus bizarre ; elles sont, de toutes les femmes, les moins asservies à leur propre mode. La mode domine les Provinciales, mais les Parisiennes dominent la mode, et la savent plier, chacune à son avantage : les premières sont comme des copistes ignorans et serviles, qui copient jusqu'aux fautes d'orthographe; les autres sont des auteurs qui copient les maîtres, et savent rétablir les mauvaises leçons.

Dites-leur que l'économie, vertu extrêmement essentielle chez les femmes, proscrit ces fantaisies dispendieuses que l'amour de la toilette entretient ; que l'habitude de mettre beaucoup d'argent en bagatelles devient quelquefois si forte, qu'elle est le besoin de toute la vie ; et que, lorsque la célèbre angloise *Cuz-zonna*, réduite à la misère, reçut de ses amis un don de trois cent cinquante livres sterling, elle en mit sur-le-champ deux cents à part pour acheter des bonnets à la mode. Elles vous écouteront avec patience, peut-être avec intérêt; elles n'en aimeront pas moins la parure.

Mais ce n'est point vous qu'on doit désespérer de convaincre, quand on parle le langage de la raison. Vous sentirez bientôt qu'il est de votre intérêt que vous ne vous permettiez aucun de ces habillemens qui se font remarquer par leur extravagance ou leur immodestie, et que vous ne confondiez pas la beauté avec les dorures, les graces avec les bijoux. Est-ce aux femmes, est-ce aux hommes que vous voudriez plaire par des modes outrées ou des ornemens recherchés? Les femmes sont, en ajustemens, peut-être plus qu'en tout autre chose, vos ennemies naturelles. Fussiez-vous mises parfaitement, vous n'échapperiez pas à leur critique : que seroit-ce, si vous prêtiez à leur malignité par des costumes qui attirent d'autant plus de sarcasmes à celles qui les portent, qu'ils s'éloignent davantage de la simplicité qui leur convient.

Quant aux hommes, vous vous formeriez d'eux une bien fausse idée, si vous pensiez que les diamans, les rubis, les étoffes magnifiques, leur inspirent, pour les jeunes personnes, l'estime, le goût même qui doit précéder les légitimes unions. Les plus dissipés d'entr'eux, à moins qu'ils ne soient égarés par une vile passion, savent bien que l'honneur, toujours attaché parmi les femmes raisonnables à la simplicité et à la décence, est préférable à celui qu'elles tirent de leur coiffure et de leurs vêtemens ; que la beauté elle-même ne s'accommode point de cet attirail de camées, de plumes, de clinquans, qui chargent la tête de nos jeunes écervelées ; et que rien ne prouve plus dans elles un esprit léger, un caractère inconstant, une ame vide, que la passion qu'elles témoignent pour ces importantes futilités. S'ils débitent beaucoup de fadeurs à celles qui se pavanent dans leurs atours ; s'ils témoignent se plaire infiniment avec elles ; s'ils leur adressent des hommages trop souvent séducteurs ; ils seroient bien fâchés d'en faire leurs épouses : ce ne sont pas là les qualités qu'ils cherchent dans celle qui doit assurer leur félicité. Vous connoissez le beau trait de Cornélie, fille du grand Scipion. Cette illustre Romaine se trouvant un jour parmi des dames couvertes de pierreries, on lui demande où sont ses bijoux ? Elle appelle ses enfans, les montre avec cette fierté maternelle qui sied si bien à la vertu, et s'écrie : Voilà mes ornemens et ma parure !

L'immortel auteur de Télémaque disoit : Je voudrois qu'on montrât aux jeunes filles la noble simplicité qui paroît dans les statues, dans les autres figures qui nous restent des femmes grecques et romaines ; elles y verroient combien des cheveux noués négligemment par derrière, et des draperies pleines et flottantes à longs plis, sont agréables et majestueuses. Je sais bien, ajoutoit-il, qu'il ne faut pas qu'elles prennent l'extérieur antique ; il y auroit de l'extravagance à le vouloir ; mais elles pourroient, sans aucune singularité, prendre le goût de cette simplicité d'habits, si noble, si gracieuse, et d'ailleurs si convenable à leur sexe.... Que diroit aujourd'hui ce grand homme, s'il voyoit tant de Françaises métamorphosées en Grecques, en Romaines, parmi nous, et pourtant n'offrant la plupart ni les formes, ni la noblesse, ni la simplicité qui distinguoient les femmes de Rome et d'Athènes ? Une indécence à laquelle on étoit bien loin d'être accoutumé, voilà maintenant ce qui ne frappe presque plus dans les habillemens des femmes: tant la mode de ce qu'elles croient antique a prévalu! jeunes et vieilles, laides et jolies, filles et épouses, toutes ne parviennent à bien imiter des statues, que leur nudité, et la pudeur est devenue plus rare que la sagesse. Malheur au siècle où la décence, qui doit être toujours respectée comme un devoir, n'est pas même gardée comme un plaisir! Quelque générale que soit une semblable immodestie, croyez qu'elle est aussi pernicieuse à la santé qu'aux graces, à la beauté qu'aux mœurs. Promettez-nous de ne pas vous laisser emporter par le tourbillon qui entraîne tant de têtes légères vers des abus scandaleux; et, au milieu de toutes les variations qu'éprouvent les modes, souvenez-vous que la parure qui respecte le plus l'honnêteté, sera toujours, aux yeux des hommes, celle qui convient le plus aux femmes.

V. *Simplicité dans les jugemens.* Les filles dont la conduite est pure, sont naturellement portées à juger des autres par la bonté de leur propre cœur. Comme elles sont sages et sincères, elles se persuadent sans peine que les autres le sont. Edifiées d'un extérieur qui convient à la vertu, elles ne soupçonnent point qu'il puisse cacher le vice; elles se feroient pour ainsi dire violence, si elles attribuoient à de bonnes actions des motifs injustes qu'elles n'ont point, et qu'elles condamnent. Le mal leur paroît incroyable avant qu'il soit prouvé, parce qu'en se consultant elles-mêmes, elles n'y trouvent aucune ressemblance; et il faut pour le leur prouver, non des conjectures et des signes équivoques, mais une entière évidence, fondée sur des témoignages incontestables, où leurs soupçons n'ajoutent rien, et que le préjugé de leur propre innocence leur fait examiner sévèrement.

Les filles, au contraire, qui n'ont ni sincérité, ni sagesse, ne peuvent croire que les autres soient sages et sincères, telles en secret qu'elles paroissent au dehors; tout ce qui a l'apparence du bien leur est suspect, et réveille leur malignité; en voyant une bonne action, elles pensent aussitôt par quel motif d'intérêt elle a pu être faite; leur cœur leur en fournit plusieurs qu'elles jugent vraisemblables, et dès lors elles les regardent comme certains; elles s'applaudissent de leur pénétration, et quand elles se trouvent dans la compagnie de celles qui leur ressemblent, elles se félicitent mutuellement de ce qu'elles ne se laissent pas séduire par des apparences dont elles connoissent le fonds.

Un œil simple et droit ne regarde rien avec une double vue, et une fille dont les intentions sont pures, bien loin de porter des jugemens qui seroient téméraires, ne s'arrête pas même aux soupçons qui paroissent fondés. Eh! comment pourroit-elle soupçonner qui que ce soit au monde, elle dont la simplicité n'apperçoit les fautes que là où l'évidence ne permet pas de les dissimuler? Comme elle a l'esprit sage et le cœur indulgent, elle juge tout ce qu'elle voit, ainsi qu'elle voudroit être jugée; et on ne lui persuade jamais qu'il y ait des défauts et des vices où l'extérieur ne lui présente que des qualités et des vertus.

Que dis-je! non seulement la simplicité ne soupçonne point le mal, mais elle ne croit pas qu'on l'en soupçonne; ne se défiant point des autres, elle ne pense pas qu'on puisse se défier d'elle; comme elle est sans feinte et sans malignité, elle est aussi sans inquiétude et sans ombrage; elle est par sa nature un principe de candeur, de vérité, de noblesse, qui fait toute la sûreté, toute la douceur du commerce des gens de bien ; elle les porte à croire qu'on leur rend la même justice qu'ils rendent à autrui ; elle ne leur permet pas de supposer à leur égard du déguisement, du mépris, de l'indifférence dans les personnes qui leur témoignent des sentimens différens. Ils détestent cette affreuse maxime, qu'il faut nous conduire envers nos amis, comme pouvant devenir nos ennemis ; ils sont infiniment éloignés de ce raffinement d'une basse politique qui subtilise le mal, qui se le représente sous toutes sortes de faces, l'allant chercher dans l'avenir, quand il n'est pas dans le présent, et le regardant comme futur dès qu'il est possible ; et au lieu qu'une fausse sagesse soupçonne, calomnie, rend tout suspect, ils font consister la leur dans cette simplicité qui ignore le mal, ou qui ne le voit que lorsqu'il se découvre par des signes certains et manifestes.

VI. *Simplicité dans les talens*. Il est assurément très-permis de tirer quelque avantage des progrès que l'on fait dans l'étude des arts d'agrémens, et sur-tout dans ces ouvrages qui sont si nécessaires à une femme quand elle est devenue mère de famille ; c'est une des plus douces récompenses de l'application suivie qu'on donne à son éducation. Mais s'enorgueillir de ces progrès, exiger qu'on soit toujours en extase devant eux, se faire prier pour montrer un dessin, chanter un couplet, jouer une sonate, quand on est ravie d'en avoir reçu l'invitation ; et mettre dans tout cela ou cette intrépide assurance qui ne doute de rien, ou cette fausse modestie qui semble hésiter sur tout, n'est-ce pas montrer une finesse qui déplaît, au lieu d'un naturel qui intéresse ? Est-ce une conduite qui convienne à ces jeunes personnes dont l'ignorance et la maladresse ont en général besoin de tant d'indulgence et de bonté ?

N'eussiez-vous, en tout genre, que de médiocres talens, vous plairez beaucoup, jeunes élèves, si vous ne cherchez pas à en tirer vanité. Dès que vous montrerez des prétentions, on vous trouvera des torts; on ne vous pardonnera pas les plus justes succès; vous vous ferez autant d'ennemies de celles dont vous blesserez l'amour-propre; et parce que vous n'aurez pas été modestes avec les autres, on sera plus que sévère à votre égard. Peut-être avez-vous assez de talens pour croire qu'un jour vous pourrez composer quelque pièce de vers ou de prose... A combien d'écueils vous exposeriez votre repos, votre réputation, votre fortune, si, comme plus d'une imprudente, vous alliez afficher dans les assemblées publiques, et votre nom, et votre personne, et vos productions!

« Une femme bel esprit, dit l'Auteur que nous citons souvent, est le fléau de son mari, de ses enfans, de ses amis, de ses valets, de tout le monde. De la sublime élévation de son beau génie, elle dédaigne tous ses devoirs de femme, et commence toujours par se faire homme. Au dehors elle est toujours ridicule, et très-justement critiquée, parce qu'on ne peut manquer de l'être aussitôt qu'on sort de son état, et qu'on n'est point fait pour celui qu'on veut prendre. Toutes ces femmes à grands talens n'en imposent jamais qu'aux sots. On sait toujours quel est l'artiste ou l'ami qui tient la plume ou le pinceau, quand elles travaillent ; on sait quel est le discret homme de lettres qui leur dicte en secret leurs oracles. Toute cette charlatanerie est indigne d'une honnête femme : quand elle auroit de vrais talens, sa prétention les aviliroit ; sa dignité est d'être ignorée ; sa gloire est dans l'estime de son mari ; ses plaisirs sont dans le bonheur de sa famille. Lecteur, je m'en rapporte à vous-même, soyez de bonne foi : lequel vous donne meilleure opinion d'une femme, en entrant dans sa chambre, lequel vous la fait aborder avec plus de respect, de la voir occupée des travaux de son sexe, des soins de son ménage, environnée des hardes de ses enfans, ou de la trouver écrivant des vers sur sa toilette, entourée de brochures de toutes les sortes, et de petits billets peints de toutes les couleurs ? Toute fille lettrée restera fille toute sa vie, quand il n'y aura que des hommes sensés sur la terre ».

Ce n'est pas que, dans un siècle où l'on est prodigieusement loin de cette première innocence qui attache des plaisirs purs à la retraite et à l'heureuse ignorance de tout, hors de ses devoirs; dans un siècle où les mœurs générales sont corrompues par l'oisiveté; où tous les vices se mêlent par leurs mouvemens, et où l'on ne peut presque plus remplacer ou suppléer les vertus que par les lumières, au lieu de détourner les femmes d'acquérir des connoissances, il ne faille peut-être les y encourager. Mais comme tout ce qui est bien a son excès, jeunes élèves, gardez-vous de celui contre lequel nous nous efforçons à vous prémunir. Que celles qui seroient tentées de goûter avec modération les plaisirs que l'on trouve quelquefois dans la carrière des lettres, se proposent pour modèle cet esprit aimable, et qui n'a que des graces légères, qui n'est point gâté par la science, ou y tient si peu qu'on lui pardonne; qui écrit très-agréablement des bagatelles, qui plaît à tout le monde, n'humilie personne ; et lors même qu'il est le plus brillant, l'est de manière qu'on l'excuse. Tel fut, comme on sait, ajoute Thomas, l'esprit des Lafayette, des Lasuze, des la Sablière, et des Sévigné; des Thianges, et des Montespan; de la duchesse de Bouillon, et de la belle Hortense Mancini, sa sœur; enfin de madame de Maintenon, lorsque, jeune encore, elle faisoit le charme de Paris, avant qu'elle habitât la cour, et fût condamnée à la fortune. Ou plutôt, jeunes élèves, sauvez-vous dans les bras de la simplicité ; vous n'aurez plus rien à craindre, parce qu'elle se concilie les suffrages au lieu d'éprouver des humiliations. Point d'affectation, point d'artifice, point de manége ; que la nature soit votre seul art ; sans elle, au lieu d'être applaudis comme des agrémens, les talens n'attirent que des disgraces : croyez-en la raison, l'expérience, et notre zèle pour votre bonheur.

VII. *Simplicité dans les vertus.* Qu'elles sont dignes de mépris ces jeunes personnes qui ne pratiquent leurs devoirs qu'à fin de se ménager des louanges, et ne se donnent un air de sagesse que dans la vue d'obtenir des marques d'approbation ! Quand on aime sincèrement la vertu, c'est pour le plaisir de faire le bien, et non par le désir de s'attirer des éloges qu'on veut s'y livrer; et loin de mettre du faste dans les bonnes actions, on ne pense qu'à les dérober à la connoissance des hommes.

Cécile, vous avez rencontré un indigent, et parce que l'on vous observoit, vous avez tiré une pièce de monnoie de votre bourse pour la lui donner. Si vous aimiez la simplicité, vous auriez secouru cet homme parce qu'il est malheureux, et vous n'eussiez point cherché à mettre le public dans la confidence de votre aumône. Adèle, sous les yeux de vos parens, ou de vos maîtresses, vous vous acquittez matin et soir de vos devoirs envers l'Etre suprême ; mais dès que vous vous trouvez éloignée de leurs regards, vous négligez de lui rendre l'hommage qu'il a droit d'attendre de vous. Si vous aimiez la simplicité, des infidélités pareilles ne souilleroient aucun de vos jours, et vous n'auriez pas besoin de la présence des foibles mortels pour vous prosterner aux pieds du grand Etre. Clémentine, votre conduite est pleine d'inégalités : tous vos pas sont mesurés un jour, vous ne commettez que des fautes le lendemain ; ce sont des variations perpétuelles: sans la tendresse qui vous surveille, on ne pourroit compter que sur votre inconstance dans vos résolutions. Si vous aimiez la simplicité, vous vous conduiriez toujours avec sagesse, et votre vie ne présenteroit dans son ensemble qu'un tableau dont les ombres même relèvent le coloris. Antoinette, vous demandez un habit, un meuble, un bijou; et parce qu'aucun de ces objets n'a été promis qu'à votre exactitude, vous vous comportez si bien pendant les jours prescrits à votre impatience que vous l'obtenez. Si vous aimiez la simplicité, il n'auroit fallu que vous ressembler à vous-même pour remplir les devoirs imposés, et les récompenses annoncées ne vous eussent point été nécessaires.

Ne cherchez donc pas, jeunes élèves, les applaudissemens dans les devoirs; cultivez la vertu avec la droiture d'un cœur sans détour; souvenez-vous que les tristes fruits de la vanité sont toujours sous l'inconstance de son empire; et marchez d'une manière si uniforme dans les voies de la sagesse, que votre conduite tout entière soit un modèle de simplicité. Ce n'est pas qu'il faille éviter les regards du public, car les bonnes actions sont de salutaires exemples; mais souvenez-vous que la conscience est le plus beau théâtre de la vertu. Chez les Romains, peuple austère et grave, qui, pendant cinq cents ans, ignora les plaisirs et les arts, et qui, au milieu des charrues et des camps, étoit occupé à labourer ou à vaincre, combien les mœurs des femmes furent simples! Comme on aime à les voir renfermées dans leurs maisons modestes, offrir l'exemple d'une vie pleine de vertus! là, donnant tout à la nature, et rien à ce qu'on appelle amusement, dit un auteur, assez barbares pour ne savoir qu'être épouses et mères, chastes, sans se douter qu'on pût ne pas l'être, sensibles, sans jamais avoir appris à définir ce mot, occupées de devoirs, et ignorant qu'il y eût d'autres plaisirs, elles passoient leur vie, dans la retraite, à nourrir leurs enfans, à élever pour la République une race de laboureurs et de soldats, et bien avant dans la nuit, maniant, à leur tour, pour leurs époux, l'aiguille et le fuseau. On sait qu'aucun

Romain n'étoit vêtu que des habits filés par sa femme ou par sa fille. Auguste, maître du monde, donna encore l'exemple de cette simplicité antique. Pendant cette époque, les femmes romaines furent respectées, comme dans tous les pays où il y a des mœurs. Leurs maris vainqueurs les revoyoient avec transport, au retour des batailles; ils leur portoient la dépouille des ennemis, et s'honoroient à leurs yeux des blessures qu'ils avoient reçus pour l'état et pour elles. Souvent ils venoient de commander à des rois, et dans leurs maisons ils se faisoient gloire d'obéir. En vain les lois sévères leur donnoient le droit de vie et de mort : plus puissantes que les lois, les femmes commandoient à leurs juges. En vain la loi permettoit le divorce; le divorce autorisé par la loi étoit proscrit par les mœurs. Temps bien digne de mémoire, que celui dont nous rappelons le souvenir ! Le désœuvrement

désœuvrement et le luxe n'avoient pas encore inventé l'art de rester six heures devant une glace pour charger sa tête, faire son visage, composer son maintien ; et l'on étoit bien loin de dire justement d'une femme, que tout ce qu'elle paroissoit être n'étoit point elle.

Au reste, la simplicité dont nous parlons ne doit pas être affectée, parce qu'on n'a point cette vertu quand on s'étudie à la montrer. La vérité seule, en toute rencontre, doit servir de base aux sentimens que nous exprimons : l'artifice dénature jusqu'à l'effort qu'on fait pour le bannir. Quand on a des intentions bien pures, on est simple sans le vouloir, même sans le savoir ; et l'on a de la peine à croire qu'il y ait des caractères qui ne soient pas ce qu'ils paroissent.

Que je me croirois heureux si, par les détails que je viens de vous présenter, j'avois pu vous inspirer un véritable amour pour cette simplicité sans laquelle une jeune personne s'efforceroit en vain de plaire aux sociétés dont le suffrage n'est donné qu'à la sagesse ! On ne rencontre que trop souvent, parmi les filles, de ces esprits faux, inquiets, curieux, brouillons, défians, soupçonneux, peu touchés de la raison, peu sensibles à la justice, dominés par l'imagination, incapables de secrets, se blessant de tout, ne faisant pas réflexion sur ce qui peut blesser les autres ; en un mot, éloignés de cette simplicité vertueuse qui ajoute tant d'attraits à la figure, et de prix aux talens.

Ah ! qu'on ne trouve parmi vous que de ces esprits droits, équitables, ouverts, ennemis de toute exagération, de toute fausseté, de tout artifice, portés à bien penser des autres, appliqués à leurs devoirs, ne mêlant jamais la passion da leurs jugemens, ne pouvant souffrir ni les rapports, ni la médisance, ni la flatterie; pleins de défiance sur leur propre conduite, d'indulgence pour les fautes d'autrui; doués, en un mot, de cette simplicité qui fut toujours le signe, la compagne, et l'ornement du mérite. La louange ou le blâme, la punition ou la récompense, ne sont pas des motifs assez nobles pour vous. Faites le bien, fuyez le mal, par des vues plus honorables; et que dans toute votre conduite on voie cette belle ame qui aime la sagesse, pour la satisfaction intérieure qu'elle procure, non pour les dangereux éloges qu'elle peut attirer.

On proposa naguères au vertueux *Dermance*, d'épouser la sémillante *Elisa* : Il faut que je la voie, répondit le jeune homme, et sur-tout que je puisse juger de ses qualités; je cherche moins des traits séduisans qu'un caractère estimable. On présente Dermance dans les sociétés où se rencontre Elisa. Quel objet pour un sage cherchant une femme qu'il puisse donner un jour pour modèle à ses enfans! Où est celle de ses rivales qui parle, marche, respire avec autant de grace qu'Elisa? tout ce qui est en elle n'est-il pas enchanteur? y a-t-il une femme qui évite aussi parfaitement qu'elle le malheur d'être mise d'un air commun; une dont le rire montre mieux de belles dents, le geste, de belles mains? ses manières, l'accent de sa voix, son maintien, sa démarche, tout ne conspire-t-il pas à occuper d'elle? Qu'il seroit heureux l'époux qui possèderoit ce trésor! Dermance, qui l'a bien observée, est loin d'applaudir à tant d'attraits. Il retourne chez la personne qui la lui a proposée, et lui dit franchement: *Je regarde assez volontiers les fleurs artificielles, monsieur, mais je n'aim-*

que *les fleurs naturelles* ; *je n'épouserai point Elisa.*

Sur un grand nombre d'hommes, intéressantes élèves, très-peu voudroient d'une demoiselle assez peu sage pour croire qu'on ne plaît que par des dehors maniérés. Aux yeux de tous ceux qui pensent bien, il n'y a de mérite, et même d'agrément pour les jeunes filles, que dans ce naturel qui annonce un sens droit et un cœur bon. Trouvez dans l'histoire un grand homme, une femme estimable, dont les mœurs n'aient pas été simples comme la nature, et l'extérieur décent comme la pudeur. Eut-on jamais à leur reprocher les vices de l'hypocrisie et les ridicules de l'affectation ? La simplicité fut toujours l'aimable compagne du génie, des talens, de la vertu ; et j'augurerois fort mal de celle de vous qui chercheroit des succès dans les honteux manéges d'une vanité insensée. Ayez le cœur simple, et vous paroîtrez simples en tout, sans le vouloir et même sans le savoir; simples dans votre langage, il n'y aura ni vanité ni mensonges, ni paroles inutiles; simples dans votre conduite, vous serez généreuses sans publier vos bonnes actions, officieuses sans dépriser ni faire valoir vos services. Vous serez prudentes sans méfiance, douces sans fadeur, patientes sans insensibilité: vous commanderez avec modestie, vous obéirez avec sagesse, vous vous soumettrez avec dignité. Parmi les ignorans, vous ne ferez point parade de votre science; parmi les personnes instruites, vous ne rougirez point d'en savoir moins qu'elles. Si vous êtes riches et élevées dans le monde, vous verrez vos richesses et vos grandeurs sans vous en estimer davantage; si vous êtes dans la médiocrité ou l'indigence, vous n'envierez point celles que vous verrez au dessus de vous; vous conserverez enfin dans les divers évènemens de la vie, la tranquillité, la douceur de votre ame; parce que vous verrez en tout les volontés éternelles de celui qui, infiniment simple dans son essence, voit tout changer autour de lui, et demeure toujours le même.

DISCOURS
SUR LA SENSIBILITÉ.

> Votre précieuse, votre divine sensibilité, l'ornement de vos ames, les délices des nôtres, est pour vous une source d'illusions et d'erreurs.
>
> *Discours adressé aux femmes, par* S.-LAMBERT.

Il est un sujet sur lequel les jeunes personnes ont besoin d'instruction, et qu'un ami qui les entretient de leurs obligations doit traiter devant elles, c'est la sensibilité : non cette sensibilité physique qui provient en nous de la constitution matérielle de nos organes, elle appartient moins au moraliste qu'au médecin ; mais cette disposition tendre et délicate de l'ame qui la rend facile à être émue ; et, sous ce rapport, il est encore deux espèces de sensibilité.

La première se montre dans une personne lorsqu'elle est aisément frappée par les objets extérieurs qui agissent sur ses sens, ou par les images d'objets réels ou feints que son imagination lui présente ; lorsque les impressions agréables ou désagréables qu'elle en reçoit s'emparent d'elle tout entière ; lorsqu'elle passe rapidement à un état de joie ou de tristesse, de désolation ou d'enthousiasme, de douceur ou de colère, de haine ou d'amour. La seconde s'exerce particulièrement sur des objets moraux, sur des beautés et des plaisirs d'un genre supérieur ; perfectionne en nous le sentiment qui nous fait distinguer le bon du mauvais, le juste de l'injuste, le noble du vil ; et fait que nous sommes vivement touchés de ces différences dans des individus, des actions et des choses, où la plupart des hommes ne les sentent que foiblement.

Il résulte de ces observations, jeunes élèves, qu'il existe en vous une sensibilité précieuse, et qu'il faut par conséquent que vous cultiviez sans cesse une sensibilité dangereuse et dont il faut par conséquent que vous vous défiiez toujours. Si vous continuez à nous écouter avec une attention sérieuse, vous allez être convaincues de ces deux vérités; elles importent trop à votre bonheur pour que nous ayons pu négliger de vous inviter à en faire la règle de votre conduite.

« C'est un présent fatal du ciel qu'une ame sensible, disoit J.-J. Rousseau. Celui qui l'a reçue doit s'attendre à n'avoir que peine et douleur : le soleil ou les brouillards, l'air couvert ou l'air serein, régleront sa destinée ; et il sera content ou triste au gré des vents. Victime des préjugés, il trouvera dans d'absurdes maximes un obstacle invincible aux justes vœux de son cœur; les hommes le puniront d'avoir des sentimens droits dans chaque chose, et d'en juger plutôt par ce qui est véritable que par ce qui est convention. Il cherchera la félicité souveraine, sans se souvenir qu'il est homme : son cœur et sa raison seront incessamment en guerre ; et des désirs sans bornes lui prépareront d'éternelles privations. » Ces réflexions dictées par une espèce de misantropie sont bien loin d'être exactes, et il s'en faut beaucoup que nous les adoptions dans leur intégrité. La sensibilité nous fut donnée pour être en nous le principe de nos jouissances et de nos vertus. Mais, comme par l'abus que fait la créature des dons du créateur, cette sensibilité peut être aussi la cause de nos chagrins et de nos vices, quelles règles doit-on lui prescrire pour qu'elle remplisse les intentions bienfaisantes de l'être de qui nous la tenons ?

I. Il faut premièrement qu'elle ne sorte jamais des bornes de la vérité.

Connoissez-vous rien de plus méprisable que la personne qui se livre au désespoir, lorsqu'elle n'est que foiblement affligée, ou celle qui montre sur ses traits l'enthousiasme, quand elle n'éprouve qu'une légère satisfaction? Quelque indignation que mérite un tel caractère, il n'est pas rare assurément. A la honte de nos mœurs, on ne rencontre que trop souvent parmi les hommes, et sur-tout parmi les femmes, de ces hypocrites qui, avec un cœur peu sensible, veulent vous persuader qu'ils sont animés pour vous d'un vif intérêt; qui, attendrissant leur langage par les expressions les plus affectueuses, vous prouvent par leur conduite la plus constante froideur; qui, après vous avoir promis leurs bons offices, oublient leurs solemnelles protestations; qui, au moment même où ils jurent une éternelle reconnoissance, avilissent le prix des bienfaits reçus; qui, à force de se donner pour des êtres pleins d'ame, sont parvenus à acquérir une réputation de bonté ; et qui, à l'abri de cette publique erreur, jouissent du privilége d'être sans cesse vantés du bien qu'ils font, sans se donner jamais la peine d'en faire.

Une femme à beaux sentimens entend parler d'un père de famille plongé dans le malheur ; elle se montre vivement affectée du récit des désastres qu'il a éprouvés ; elle ne demande qu'à le voir pour l'obliger ; le lendemain lui paroît trop éloigné pour sa bienfaisance ; elle voudroit à l'instant même lui prodiguer tous ses secours. L'homme infortuné se présente à son hôtel, il est éconduit ; il lui écrit, point de réponse ; il se fait recommander auprès d'elle ; tout le repousse, jusqu'aux valets.

« J'ai connu, dit Mary Wolstonecraft, une femme plus vaine qu'on ne l'est communément de sa délicatesse et de sa sensibilité ; elle mettoit au premier rang des perfections humaines un goût recherché, un léger appétit, et se conduisoit d'après ce principe. J'ai vu cet être débile négliger tous les devoirs de la vie, pour s'étendre complaisamment sur un sopha, parlant avec ostentation de son manque d'appétit, comme d'une preuve de la délicatesse à laquelle elle devoit son exquise sensibilité.... Eh bien! dans le moment où elle faisoit l'éloge de sa sensibilité, je l'ai vue insulter une dame âgée et respectable, que des malheurs imprévus avoient mise dans la dépendance de sa bonté fastueuse, et qui, dans des temps plus heureux, s'étoit acquis des droits à sa reconnoisance. »

Il y a des hypocrites de sensibilité, comme il y a des hypocrites de vertu. Tout les trahit. Ils parlent avec gloire de leur tendre amitié, et vantent avec un visage immobile leur douleur profonde. La plupart des femmes versent des larmes pour les montrer; elles ont les yeux secs quand elles n'ont point de spectateurs, et se croiroient déshonorées de ne pas pleurer quand tout le monde pleure. La mauvaise habitude de se régler sur l'opinion est tellement enracinée, que l'on contrefait jusqu'au sentiment le plus naturel.... Ces sanglots, ces pleurs immodérés, savez-vous d'où ils viennent? du désir de se montrer sensible. On ne cède pas à la douleur, on veut en faire parade; ce n'est jamais pour soi seul qu'on est affligé. Malheureuse folie! la douleur même a son ostentation. Mais en vain une physionomie composée croit en imposer à des yeux favorablement prévenus; tout ce qui est faux se flétrit, et tombe comme une fleur qui ne dure qu'un jour; rien de contrefait ne peut avoir une longue durée.

Comme les sentimens que nous éprouvons ne dépendent pas toujours de nous, et qu'il n'est personne qui soit susceptible du même degré d'intérêt dans tous les momens de sa vie, il est des occasions où nous ne devons ni rougir de notre indifférence, ni nous vanter de notre sensibilité. Celui qui reste froid à un spectacle attendrissant n'est pas dans un état désirable, et il mérite le blâme s'il s'y est plongé par ses déréglemens; mais l'homme le plus sensible n'étant pas toujours disposé à la sensibilité, le plus grand admirateur de la nature ne se trouvant pas toujours également affecté à son aspect, le plus tendre ami de l'humanité ne se sentant pas toujours également touché de l'infortune de ses frères, il s'ensuit que lorsqu'on affecte une plus grande douleur que celle qu'on éprouve, ou qu'on témoigne un plaisir plus vif que celui qu'on sent, on est inexcusable, et que l'exagération est peut-être ici moins pardonnable que le défaut. Car quand on donne son approbation à tout ce qui est vrai, à tout ce qui est bon, à tout ce qui est juste, est-ce une faute grave si, d'après notre caractère, cette approbation est dépourvue de vivacité? Il n'en est pas ainsi de la chaleur qu'on affecte, lorsqu'on est foiblement touché; les discours, les manières, les mouvemens, les gestes mêmes qu'on accumule alors sont autant de mensonges; et il n'y a pas de cœur droit qui ne méprise les grimaces d'une femme *sentimentale*, mille fois plus qu'il ne condamne la froideur d'un homme vertueux.

II. Pour que notre sensibilité mérite l'estime des personnes sages il faut, secondement qu'elle soit dirigée vers des objets dignes du cœur humain. Au souvenir des bienfaits dont l'Etre suprême nous a comblés dès notre naissance, et qu'il continue à répandre sur notre vie, nous sentons-nous pénétrés de reconnoissance pour lui? à la vue de notre prochain heureux ou misérable, aimons-nous à partager sa satisfaction ou à consoler ses malheurs ? au récit d'une action vertueuse sommes-nous pénétrés d'une satisfaction intérieure ? le triomphe de l'injustice excite-t-il notre indignation ? la voix de l'innocence fait-elle éprouver à notre cœur un doux frémissement de plaisir ? le cri de l'opprimé y réveille-t-il le sentiment de la peine ? en un mot, tout ce qui présente l'image de la vertu plaît-il à nos ames ? tout ce qui porte l'empreinte du vice s'attire-t-il notre mépris ? nous sommes alors doués d'une sensibilité qu'on ne sauroit trop cultiver; les objets vers lesquels elle est dirigée sont dignes d'elle ; c'est une source de perfection et de jouissance pour les autres, ainsi que pour nous.

Mais la perte d'une fleur, la mort d'un serin, le refus d'un vêtement, la privation d'une fête, nous affectent-ils davantage que des épidémies cruelles, des armées détruites, des flottes naufragées, des incendies dévorans ? sommes-nous transportés d'admiration à la lecture des hauts faits d'un conquérant qui ravagea le monde, tandis que nous restons insensibles au spectacle d'une vie obscure, passée dans le travail, le silence et la probité? les aventures d'un héros de roman nous attendrissent-elles jusqu'au fond de l'ame, au moment même où des actions dont nous sommes témoins, et qui marquent une constance à toute épreuve, n'affectent pas même nos cœurs? notre sensibilité n'est plus alors qu'un défaut; au lieu d'avoir droit à l'approbation, elle ne mérite que le blâme : nous ressemblons à ces espèces de cosmopolites qui se vantent d'aimer les Tartares, pour se dispenser de secourir leurs voisins.

Or, combien de fois rencontre-t-on, parmi les jeunes filles, de ces caractères auxquels on peut reprocher je ne sais quel intérêt pour des objets qui en sont indignes, et une trop réelle indifférence pour des objets qui méritent la plus vive affection ? Telle recherche avec empressement une compagne que personne n'estime, et repousse avec humeur une sœur que tout le monde chérit; telle s'attache à une gouvernante qui flatte tous ses caprices, et n'accorde que du respect à la mère qui lui donna tous ses soins. L'une écrit les lettres les plus tendres à une amie dont les conseils lui furent pernicieux, et n'écrit jamais à une famille dont les avis lui sont nécessaires; l'autre comble de présens une intrigante qui n'a nul besoin d'être assistée, et refuse une légère aumône à un pauvre qui périt faute de secours. Celle-ci s'afflige de la maladie d'un animal dont l'existence est au moins inutile dans la maison, et voit d'un œil indifférent les souffrances d'un domestique qui lui rendit les plus grands services; celle-là devient enthousiaste d'une jeune personne qu'elle ne connoît que de veille, et semble ne plus connoître celle avec qui, depuis des années, elle vivoit dans l'intimité : c'est-à-dire que la sensibilité des filles dont nous venons de parler, muette pour des personnes à qui elle est due, ne s'exerce que vers des objets qui n'y ont aucun droit; et qu'un vain caprice préside seul à des sentimens que réclament la vertu, la bienfaisance, et la justice.

Ce n'est pas qu'une personne sensible, dans la vraie signification de ce mot, ne trouve de quoi nourrir sa sensibilité dans mille occasions que d'autres considèrent avec indifférence, et qu'elle mérite d'être blâmée, si, à la moindre expression de joie, de douleur ou de crainte, elle partage ces divers sentimens. Mais pour que cette sensibilité soit louable, il faut qu'elle ne l'empêche pas d'être touchée de choses plus importantes, et qu'elle lui laisse toute sa dignité d'être pensant, raisonnable, maître de soi. Tant qu'elle se renfermera dans le cercle de ces riens que poursuit une imagination déréglée, et qu'elle négligera ces grands intérêts qu'une ame noble saisit, elle aura beau se flatter d'être sensible, elle ne sera que capricieuse; elle aura des goûts bizarres, non de louables sentimens.

Qui pourroit l'excuser, par exemple, si, malgré la sensibilité qu'elle affecte en tant d'occasions, elle manquoit de reconnoissance envers ceux auxquels elle est redevable d'un bienfait quelconque? Le bien que les autres nous font doit être une effusion naturelle de leur ame; l'intérêt réfléchi n'y doit entrer pour rien. La libéralité qui ne seroit pas gratuite ne seroit qu'un trafic honteux. Malheur à qui s'attend à un vil présent pour un bon office! Ce qui touche le plus une ame vraiment généreuse, c'est de donner sans apparence de retour. Mais ce retour qu'on n'a point en vue, on le présume; on l'attend par une espèce de convention renfermée dans le fond même du procédé. Ce qu'on nous donne gratuitement ne nous appartient que par une bonne volonté naturelle, qui doit être la même en nous que dans celui de qui nous le recevons. Ainsi ne pas reconnoître un bienfait, c'est en quelque sorte s'approprier le bien d'autrui; c'est le retenir, sinon contre sa volonté, du moins contre une obligation tacite de le rendre; c'est commettre de sang-froid un crime que tous les hommes et tous les siècles ont flétri. Aussi par combien de prétextes ne s'efforce-t-on pas de le pallier? Ah! la véritable reconnoissance est simple; c'est le sentiment du bien reçu qui l'excite, et ce bien n'en est pas moins un pour elle, quelque mal qu'il ait été fait; s'il a besoin d'excuses, c'est au cœur reconnoissant à les lui prêter; rien n'est si naturel que de bien penser de ceux qui nous en font : il est moins doux de le recevoir que de le pouvoir rendre, ou de s'en souvenir. En quelque temps, dans quelque vue, de quelque manière qu'on vous ait obligées, croyez que vous l'êtes d'en tenir compte à votre bienfaiteur; et souvenez-vous qu'il est tant de moyens de s'acquitter d'une pareille obligation, qu'il n'y a dans le monde à cet égard aucun débiteur insolvable.

III. Cependant ce n'est point assez que notre sensibilité soit vraie, et dirigée vers des objets dignes du cœur de l'homme; il faut, troisièmement, qu'elle soit subordonnée à la raison. La sensibilité, jeunes élèves, n'est pas toujours un guide sûr; trop souvent elle nous prévient pour ou contre certaines choses, pour ou contre certaines personnes; trop souvent elle nous attendrit dans des circonstances où nous avons besoin de fermeté. Indulgens à l'excès envers les uns, nous nous rendons sévères jusqu'à l'injustice envers les autres, et nous jugeons sans peser les motifs. Les premières impressions nous séduisent; des illusions passagères nous aveuglent; il n'y a pas jusqu'au charme des paroles et des manières qui ne contribue à nous égarer. Combien d'hommes profitant de cette foiblesse de cœur, d'ailleurs si excusable, ont l'art de la tourner contre nous à leur avantage! Que de personnes en qui on la remarque attirent sur elles et sur d'autres les malheurs qu'une raison plus calme auroit prévenus!

Une jeune fille qui s'étoit toujours mal conduite avec ses parens, et qui venoit de commettre un délit grave, s'échappe de la maison paternelle pour éviter une juste punition. Elle arrive chez une femme qu'on lui avoit dite extrêmement sensible; et, avec cette adresse que tant de coupables savent employer, elle lui peint si énergiquement la prétendue barbarie de ceux dont elle tient l'existence, qu'elle parvient à lui en imposer et sur son innocence et sur son malheur. Que devoit faire la personne à qui elle avoit conté tant de mensonges pour l'intéresser? s'informer de la vérité de tout ce qu'on avoit osé lui dire, et jusqu'alors craindre de condamner la famille dont, avec tant d'amertume, la jeune fille se plaignoit. La prudence qui dictoit cette conduite ne fut point écoutée en cette occasion. On commença par combler de bontés et d'éloges celle qui ne méritoit que des reproches et des châtimens. On s'indigna contre un père et une mère qui n'avoient d'autre tort que celui d'avoir trop aveuglément aimé leur enfant; et l'on formoit en sa faveur les plus généreux projets, lorsqu'une police vigilante vint s'emparer d'elle pour la livrer aux mains de la justice.

Cet exemple, dont nous attestons la vérité, n'est pas unique; combien d'autres pourrions-nous y ajouter! Défiez-vous de votre sensibilité, jeunes élèves, car à votre âge même elle a ses erreurs. Voyez cette Faustine si douce, si sensible, si aimante; trompée par une hypocrite qui s'est emparée de son âme, il n'est aucun sacrifice qu'elle ne fasse pour lui prouver son attachement; et plusieurs fois elle a volé ses respectables parens pour fournir aux fantaisies de son indigne compagne. Connoissez-vous la bonne Julie? La moindre froideur, le plus léger reproche de la part de son institutrice, ou de ses maîtres, la plonge dans l'abattement; et tant que sa sensibilité prolonge son chagrin, elle est incapable de s'appliquer à ses études.

S'il est un penchant qui nous entraîne en aveugle vers les uns, il est une antipathie qui, avec bien moins de justice encore, nous éloigne des autres : malheur à celle qui, cherchant dans la nature la justification d'un sentiment aussi peu légitime, ne réuniroit pas tous ses efforts pour l'arracher de son cœur! Nous savons bien que ces diverses espèces de sensibilité tiennent beaucoup à l'organisation physique, et qu'elles sont souvent moins un vice qu'un malheur; mais nous savons aussi que la raison, repoussée souvent comme un guide trop froid, trop lent, trop incommode, peut parvenir à en faire une vertu; qu'en nous apprenant à distinguer l'apparence de la réalité, à sacrifier nos penchans à nos devoirs, à agir d'après des principes immuables, et non au gré des mouvemens passagers, cette raison peut faire de notre sensibilité le moyen d'atteindre à une perfection sublime; et que la lumière de l'esprit, combinée dans de justes rapports avec la chaleur de l'ame, a plus d'une fois, dans les deux sexes, enfanté des héros. Nous ne vous disons donc point : Etouffez la sensibilité dans votre sein, elle ne peut que vous conduire à votre perte; mais nous vous disons : La sensibilité peut vous entraîner au vice, donnez-lui pour règle la raison. Dans le cours ordinaire de la vie, cette sensibilité doit être tantôt suivie, tantôt réprimée; avant de vous décider pour ou contre elle, consultez le guide que le souverain être vous a donné. Pour égarer des femmes qu'une réputation intacte avoit distinguées jusqu'alors, il ne fallut qu'un de ces momens où la sensibilité aveugle l'innocence. Songez à éviter un pareil malheur, et prémunissez-vous si bien contre les piéges qu'on pourroit tendre à votre cœur, que de constantes précautions vous préservent à jamais d'un attachement coupable.

La situation et les devoirs naturels des femmes, dit Maria Edgeworth, les appellent à l'exercice journalier des vertus douces, plutôt qu'à ces actes éclatans de générosité, et à ces expressions exagérées de sentiment, qui n'appartiennent qu'aux héroïnes. Les romanciers, en réunissant toujours les graces aux vertus, donnent l'idée que cette union est indissoluble : on s'attend à rencontrer les graces par-tout où l'on trouve la vertu; et lorsqu'on la trouve seule, on éprouve une espèce de dégoût. Cette association erronée conduit les femmes à aimer, et à chercher à plaire par l'effet des charmes plutôt que par les qualités qui méritent l'estime. Une femme qui a la tête montée par les romans, croit toujours jouer un rôle propre à figurer dans un ouvrage de ce genre ; et elle s'attend également à trouver des héros de roman dans toutes les sociétés. Il y a un autre malheur attaché à ce tour d'esprit romanesque, c'est qu'il donne le besoin d'être continuellement agité d'émotions vives. Les femmes à beaux sentimens croient que si elles passoient quelques jours sans verser des larmes, leur cœur s'endurciroit tout-à-fait : elles sont si fort accoutumées à ces ébranlemens de l'imagination, que les intervalles sont pour elles de la langueur ; et que la vivacité de certaines sensations éparses dans la vie affadit et décolore tout le reste....... Les femmes dont l'esprit est cultivé, la mémoire exercée, le jugement formé, trouvent une suffisante variété dans la vie, sans avoir recours à ces excitateurs dangereux ; leur sensibilité, s'appliquant à des objets convenables, se met en rapport avec des habitudes utiles ; elles sont capables des sentimens que plusieurs se plaisent à affecter, et jouissent en réalité d'un bonheur que tant d'autres ne font que décrire.

Vous qui lisez avec une espèce de fureur ces ouvrages éphémères qui, présentant l'homme sous une forme et des traits exagérés, vous préparent à des dégoûts inévitables et à un vide que vous ne devez pas vraisemblablement espérer de remplir, craignez les tristes effets des aventures romanesques; dites-vous bien que de pareilles lectures ont les plus terribles dangers. Une jeune personne, ne se croyant pas aussi aimée que le fut une héroïne imaginaire, en perdit entièrement la raison; et les papiers publics nous annoncent qu'un jeune homme enclin à la mélancolie, après avoir lu un roman trop analogue à sa situation, vient de se brûler la cervelle.

IV. Il faut, en quatrième lieu, que notre sensibilité soit active, c'est-à-dire qu'elle se livre à l'exercice des vertus que prescrit l'humanité. Sentir vivement, et ne point agir, quelle indolence! Aimer le bien, et ne point le faire, quelle contradiction! Est-ce que les bons sentimens peuvent tenir lieu d'actions louables? A quoi serviroient l'admiration, l'enthousiasme de la bienfaisance, s'ils n'enflamroient pas notre cœur du désir de les pratiquer? Malheur à qui ne sait pas sacrifier un jour de plaisir aux devoirs de l'humanité! La compassion la plus vive, si elle ne nous porte pas à secourir les malheureux, n'est que l'accusation de notre paresse; l'indignation la plus juste, si elle ne nous donne pas le courage de défendre la cause de l'innocence, n'est que la condamnation de notre lâcheté. Des actions généreuses, voilà ce qu'une véritable sensibilité produit; lever les doutes qui pourroient nous en détourner, proscrire les retards que nous serions tentés d'y apporter, éloigner les prétextes que nous voudrions leur opposer, nous affermir contre la crainte des dangers qu'elles entraînent: tels sont nos devoirs. C'est peu pour la sensibilité de plaindre l'infortune; elle veut la servir. Elle en ménage les occasions, elle en étudie les moyens, et elle assaisonne tout ce qu'elle fait d'une intention si pure, qu'elle n'attend point de reconnoissance, quoiqu'elle s'empresse de la mériter. Elle sait que l'amour dû à nos frères ne consiste point en vaines paroles, mais en des services réels ; que c'est n'avoir point d'entrailles que d'être sans compassion; et que la compassion qui se termine à de simples souhaits est une dureté véritable. Elle ne distingue point les personnes quand les besoins sont égaux ; elle ne se laisse point séduire par des penchans qui sont dans la nature ; et elle se roidit contre des aversions fondées sur l'impression des sens. Elle ne croit pas ses services perdus lorsqu'ils sont peu remarqués, ou qu'on les reçoit comme une dette ; et ces manières trompeuses, dont l'amour-propre se couvre si aisément parmi les personnes de votre sexe, sont à ses yeux une honteuse dissimulation.

Une femme âgée de cent huit ans, qui, pendant plusieurs années, n'avoit pas manqué de se présenter le jeudi saint, pour être admise au nombre des pauvres auxquels l'impératrice Marie Thérèse lavoit les pieds, se trouvoit malade, et s'affligeoit bien vivement de ne pouvoir, le jour de cette auguste cérémonie, se rendre au palais ; désolée de n'avoir pas le bonheur de revoir sa souveraine, la vertueuse centenaire ose lui faire connoître ses regrets. Touchée des sentimens de cette femme intéressante, l'impératrice reine daigne se rendre au village qu'elle habitoit, et l'y trouve sur un misérable grabat. « Vous regrettez, lui dit-elle, de ne m'avoir pas vue; je viens vous voir ». Une somme considérable fut distribuée à l'indigence, dans cette visite; mais quels secours pouvoient égaler tant de bonté ? « Infortunés, dont j'ai été moins le protecteur que l'ami, s'écrie Marc-Aurèle; indigens que je me suis toujours fait un devoir de secourir, si jamais vous m'avez entendu dire, *les fonds me manquent*, si jamais, pour vous rappeler au bonheur, je n'ai été forcé moi-même de puiser dans la bourse d'autrui, remerciez-en avec moi cette éternelle Providence qui seule m'enflamme toujours de l'ardent désir de faire aux hommes le plus de bien qu'il me soit possible de leur offrir ».

C'est ainsi qu'on agit quand on sent vivement, jeunes élèves; tout sentiment qui nous laisse dans l'inaction, quand il faut servir nos semblables, ne mérite pas même d'être cité. Ce riche gémit du dénûment où se trouve le pauvre, et ne lui donne pas un secours; cette femme s'attendrit au récit de ce que souffrent ses domestiques malades, et dédaigne de les visiter; cette jeune personne frémit à l'approche d'un malheureux couvert de cicatrices, et lui refuse une aumône, pour n'être point obligée à lui accorder un regard; dans un appartement bien échauffé, ce citadin déplore le sort de l'indigent qui meurt de froid dans son grenier, et ne songe pas même à lui envoyer une foible portion du bois qu'il consume; ce jeune homme n'est pas tout-à-fait insensible au besoin de l'infortuné qui l'implore, mais afin de n'avoir pas la peine d'ouvrir sa bourse, il détourne ses yeux.....Pitié cruelle, barbare sensibilité! Vous répondrez, ingrats, devant l'Eternel, de la résistance que vous opposez au sentiment de commisération qu'il avoit mis dans vos ames, et vous y serez reconnus d'autant plus coupables, que vous en aviez reçu tout ce qu'il falloit pour devenir vertueux.

Et à qui convient-il mieux d'exercer cette bienfaisance, qu'au sexe à qui la nature a donné tant de sensibilité? La compassion qui unit l'ame aux malheureux est sur-tout le partage des femmes; tout les dispose à l'attendrissement et à la pitié; les blessures et les maux révoltent leurs sens plus délicats; l'image de la misère et du dégoût offense leur douce mollesse ; le tableau des douleurs et des chagrins affecte plus profondément leur ame que leur propre sensibilité tourmente ; elles doivent donc être plus empressées à secourir ; elles ont sur-tout cette sensibilité d'instinct qui agit avant de raisonner, et a déjà secouru quand l'homme délibère. Leur bienfaisance est moins éclairée peut-être, mais plus active ; elle est aussi plus circonspecte et plus tendre. Quelle femme a jamais manqué de respect au malheur ? Celle qui lui opposeroit ou de l'indifférence, ou de la paresse, ou de l'avarice, seroit une espèce de monstre dans la société ; et le contraste qu'elle formeroit avec le nombre infini d'héroïnes qu'a, parmi ses semblables, produit l'amour de l'humanité, la condamneroit à jamais au mépris qu'une conduite aussi coupable mérite.

Honneur à ces dames bienfaisantes, qui, réunies en *société maternelle*, procurent aujourd'hui aux mères indigentes et à l'enfance abandonnée tant de secours ! reconnoissance universelle à ces vierges chrétiennes, qui, sous le nom de *sœurs de la Charité*, se consacrent si généreusement au service de l'humanité souffrante ! leur sensibilité sera long-temps bénie par l'infortune qu'elles s'empressent à soulager. Pour vous, qui m'écoutez, gardez-vous d'arrêter les mouvemens de cette douce et précieuse sensibilité que la nature prit plaisir à mettre dans vos ames. Les larmes de la commisération sont pleines de graces dans les jeunes personnes, et le cœur que déchire la vue d'un malheureux est leur plus bel ornement. Que l'opulence ne vous rende point égoïstes. Allez dans la *maison de deuil*, plus souvent que dans la *maison de joie*. Visitez jusqu'à cette cabane solitaire où règnent la misère et le désespoir. Consolez cette famille éplorée auprès d'un père expirant;

cet orphelin abandonné et sans appui; et que tout ce qui est souffrant vous soit si sacré, que vous ne tourmentiez pas même, de gaîté de cœur, le papillon que vous avez surpris dans vos courses.

Au reste, ce n'est pas d'argent seulement qu'ont besoin les infortunés, s'écrie un auteur; et il n'y a que les paresseux de bien faire qui ne sachent faire du bien que la bourse à la main. Les consolations, les conseils, les soins, les amis, la protection, sont autant de ressources que la commisération laisse au défaut des richesses, pour le soulagement de l'indigent. Quelle est l'ame sensible qui pourroit les refuser au malheur, ou ne pas en éprouver la puissance ? Ce n'étoit pas seulement dans sa bourse que consistoit sa libéralité, dit le célèbre Fox, en parlant du duc de Bedfort; il entroit avec feu dans les détails particuliers aux sujets de sa bonté ; et souvent on trouvoit plus de consolation et de bonheur dans ses soins empressés, que dans sa générosité sans bornes.

V. Enfin, pour que notre sensibilité soit digne d'éloge, il faut, cinquièmement, qu'elle ne nous fasse négliger aucun de nos devoirs. Quiconque, à la vue des souffrances des autres, se laisse vaincre par la douleur, au point d'en perdre la présence d'esprit, et se répand en pleurs et en murmures dans des circonstances où il devroit apporter du courage et des secours ; quiconque s'affecte si vivement des moindres contre-temps, qu'il oublie ses obligations ainsi que ses promesses, ou qu'il les remplit avec autant de négligence que d'humeur ; quiconque, séduit par le penchant de son cœur, ne se livre qu'aux études qui flattent ses goûts frivoles, et ne veut point acquérir des connoissances sèches par elles-mêmes, mais nécessaires à son état ; quiconque se croit offensé, soit par des propos, soit par des procédés dont il n'est point l'objet, ou qui s'exagère si fortement les torts qu'on peut avoir envers lui, qu'il en perd le repos, la modération et la sagesse; quiconque, ayant parcouru le pays des illusions, cherche dans les hommes, attend d'eux une perfection qui n'existe point ou qui est très rare, et surpris quand il trouve qu'elle leur manque, s'éloigne d'eux ou les traite comme s'ils avoient des défauts essentiels; quiconque, dis-je, a une pareille sensibilité doit la regarder comme une maladie de l'ame, et la combattre comme l'ennemie de la vertu.

Ainsi, à force de lire de noirs romans, ou de voir des scènes tragiques, une jeune personne s'est fait une ame qui a sans cesse besoin d'être agitée par de vives émotions; oublie les études et les travaux qui demandent toute son application, pour se livrer à des lectures et à des spectacles qui l'attendrissent jusqu'aux larmes, et devient incapable des soins qu'exige d'elle l'état auquel la Providence la destina. Ainsi, une mère de famille est si sensible, qu'au moindre revers elle abondonne ses affaires domestiques, et ses jeunes enfans; cesse de maintenir dans la maison l'ordre sans lequel tout y dépérit; néglige l'époux à qui elle est redevable de ses momens; aime mieux s'entretenir avec des personnes dont l'ame est montée sur le même ton que la sienne; et malgré toutes les remontrances de l'amour conjugal, s'obstinant à se nourrir de sa tristesse, finit par altérer sa santé. Ainsi, au lieu de l'aimer et le servir comme le père miséricordieux des humains, cette femme, honteuse de ses égaremens, a tant de peur d'un dieu que l'imprudence lui a peint armé de foudres, qu'elle croit le voir sans cesse tournant contr'elle des yeux en fureur ; et, dans ce saisissement horrible, qui épouvante la raison, n'accomplit aucun des devoirs que la religion lui impose : sensibilité coupable et funeste, penchant qu'il faut réprimer sans pitié! Il n'y a de sentiment véritablement bon que celui qui nous fait accomplir nos obligations, dans quelque situation que le ciel nous place; malheur à celle qui, séduite par d'autres principes, croiroit se disculper de ses négligences par ses affections !

Henri IV demandoit un jour au duc de Sully si, après avoir essuyé dans sa jeunesse plus de malheurs lui seul que tous les rois de France n'en avoient éprouvés, il n'étoit pas cruel de rencontrer, au milieu même de sa plus brillante fortune, autant d'indifférens, d'ennemis et d'ingrats : « Sire, lui répondit le duc, tous ces malheurs ne seroient rien si vous n'y ajoutiez celui d'y être trop sensible ».

La tristesse est de tous les tableaux celui dont les spectateurs se lassent le plus promptement : récente, elle trouve des consolateurs ; vieillit-elle ? on s'en moque, et l'on fait bien, car elle est ou fausse ou insensée. J'ai vu, dit un ancien, des hommes respectables assister au convoi de leurs enfans : leur visage portoit l'empreinte de la tendresse paternelle, sans étaler le spectacle d'une douleur efféminée; on n'y voyoit d'autre altération que celle que produisent des sentimens vrais ; la douleur elle-même a sa décence.

Loin donc de vous cette sensibilité puérile qu'un rien excite, qu'un rien alarme; qui, semblable à la feuille légère, frémit au moindre souffle, et se trouve en prise à tous les contre-temps de la vie, à tous les traits du revers. C'est moins une sensibilité délicate qu'une raison foible ; c'est moins un cœur prompt à s'émouvoir qu'un esprit incapable de se posséder. Loin de vous cette noire sensibilité qui se plaît à saisir dans les évènemens tout ce qu'ils peuvent offrir de plus sinistre, et trouble ainsi, par les chimères qu'elle enfante, des jours dont la tranquillité eût été l'apanage; c'est moins une sensibilité prévoyante qu'une imagination déréglée; c'est moins chercher à prévenir les désastres que se jeter au devant d'eux.

A la suite des réflexions que nous venons de mettre sous vos yeux, si nous voulions peindre ici les mœurs de ces femmes qui se piquent d'une sensibilité profonde, quel tableau nous offririons à vos jeunes regards! Excès dans les plaisirs, dans les chagrins, dans les liaisons, dans les rivalités, dans les haines, dans les vengeances, dans tout ce qu'un cœur sensible peut faire commettre de fautes, de perfidies et de noircœurs. Cette sensibilité que la nature donna plus vive à votre sexe, si dans un grand nombre de femmes elle enfante d'héroïques vertus, dans un nombre encore plus grand elle produit des actions condamnables ; et telle société du jour n'est qu'une arène où combattent les passions qui dérivent d'une source aussi féconde en malheurs.

Cependant, malgré nos mœurs et nos éternelles satires, dit Thomas, malgré notre fureur d'être estimé sans mérite, et de ne trouver rien d'estimable, il y a dans ce siècle, et dans cette capitale même, des femmes qui honoreroient un autre siècle que le nôtre. Plusieurs joignent à une raison vraiment cultivée une ame forte, et relèvent par des vertus les sentimens de courage et d'honneur. Il y en a qui pourroient penser avec Montesquieu, et avec qui Fénélon aimeroit à s'attendrir. On en voit qui, dans l'opulence et environnées de ce luxe qui force presque aujourd'hui de joindre l'avarice au faste, et rend les ames à la fois petites, vaines et cruelles, séparent tous les ans de leurs biens une portion pour les malheureux; connoissent les asyles de la misère, et vont apprendre à être sensibles en y versant des larmes. Il y a des épouses tendres, qui jeunes et belles, s'honorent de leurs devoirs, et dans le plus doux des liens offrent le spectacle ravissant de l'innocence et de l'amour. Enfin, il y a des mères qui osent être mères; on voit dans plusieurs maisons la beauté s'occupant des plus tendres soins de la nature, et tour à tour pressant dans ses bras ou sur son sein le fils qu'elle nourrit de son lait, tandis que l'époux, en silence, partage ses regards attendris sur le fils et la mère.

Ah! si ces exemples pouvoient ramener parmi nous la nature et les mœurs!

Si nous pouvions apprendre combien les vertus, pour le bonheur même, sont supérieures aux plaisirs! combien une vie simple et douce, et où l'on n'affecte rien, où l'on n'existe que pour soi, et non pour les regards des autres; où l'on jouit tour à tour de l'amitié, de la nature, et de soi-même, est préférable à cette vie inquiète et turbulente, où l'on court sans cesse après un sentiment qu'on ne trouve point; ah! c'est alors que la beauté, embellie par les mœurs, commanderoit aux hommes heureux d'être asservis et grands dans leur foiblesse! alors une volupté honnête et pure, assaisonnant tous les instans, feroit un songe enchanteur de la vie! alors les peines n'étant pas empoisonnées par les remords, les peines adoucies par l'amitié, seroient plutôt une tristesse attendrissante qu'un tourment. Dans cet état, la société seroit moins active sans doute; mais l'intérieur des familles seroit plus doux; il y auroit moins d'ostentation et plus de plaisir; moins de mouvement et plus de bonheur; on parleroit moins de plaire, et l'on se plairoit davantage; les jours s'écouleroient purs et tranquilles; et, si le soir on n'avoit pas la triste satisfaction d'avoir, pendant le cours de la journée, joué le plus tendre intérêt, avec trente personnes indifférentes, on auroit du moins vécu avec celles que l'on aime, on auroit ajouté, pour le lendemain, un nouveau charme aux sentimens de la veille.

Voilà, jeunes élèves, le tableau que pourroient offrir des femmes qu'animeroit une sensibilité véritable, dirigée vers des objets dignes du cœur humain, subordonnée à la raison, livrée à l'exercice des vertus que l'humanité recommande, et ne négligeant aucun des devoirs que leur impose leur état. Rendez-vous, dès maintenant, dignes de figurer un jour dans ce touchant tableau. Ne vous montrez sensibles que pour fuir le mal avec plus de courage, pratiquer le bien avec plus d'activité; et croyez que s'il est ici bas un peu de bonheur, il n'est que pour les ames qui goûtent ces vérités immortelles.

DISCOURS

SUR LES DISPOSITIONS AVEC LESQUELLES LES JEUNES PERSONNES DOIVENT S'ACQUITTER DE LEURS DEVOIRS RELIGIEUX (1).

> Les femmes sont plus susceptibles que les hommes des sentimens religieux.
> GRÉGORY.

Dans une maison où tous les cultes sont admis indistinctement, nous n'avons pas dû vous parler des dogmes particuliers d'une religion quelconque; on sait que chacune de vous est instruite dans la sienne, par des hommes d'un mérite

---

(1) Avant de livrer à l'impression ce discours qui, ainsi que plusieurs autres de ce Cours, suppose que les élèves à qui on le lit ont au moins douze ou quinze ans, nous avons cru convenable de le soumettre au ministre des cultes, qui l'a approuvé dans tout son contenu.
Note de l'éditeur.

très distingué : mais, à cet égard même, il est des obligations communes qui entrent dans le domaine de la morale, et que doit traiter la personne chargée de vous en faire connoître les devoirs. A la veille de terminer le Cours auquel vous avez donné tant d'attention, nous ne négligerons point un sujet qu'il vous importe si fort d'entendre développer avec quelque étendue ; et nous remplirons cette nouvelle tâche de manière que vous puissiez, en entrant dans le monde, mettre en pratique les leçons utiles que nous vous aurons transmises dans ce discours.

Les sociétés actuelles présentent, en matière de religion, des téméraires qui frondent tout, des hypocrites qui simulent tout, des intolérans qui condamnent tout. Contre les dangers que court une jeune personne, au milieu de sociétés pareilles, notre zèle veut prémunir aujourd'hui votre raison ; vous prouver que vous devez opposer aux uns la fermeté, aux autres la vérité, à tous l'indulgence; et vous faire sentir la nécessité de vous montrer dignes élèves d'une institutrice qui, autant par ses conseils que par ses exemples, n'a cessé de vous recommander ces devoirs. Suivez-nous avec une nouvelle attention; songez qu'il s'agit ici d'un des plus grands intérêts de votre vie; et prenez des résolutions si fermes, que rien ne puisse les ébranler.

I. Il falloit bien vous en prévenir, jeunes élèves, afin que l'étonnement ne produisît pas en vous l'hésitation; vous rencontrerez dans un très-grand nombre de sociétés, des hommes, des femmes même, qui voudront renverser l'édifice auguste élevé dans votre esprit par des mains pieuses; et peut-être attaqueront-ils d'autant plus votre croyance qu'elle s'opposera davantage à leurs désirs. Raisonnemens, plaisanteries, épigrammes, ils emploîront tout pour vous arracher à vos principes religieux. Votre exactitude à des exercices qui conservent une piété sage, ils la traiteront de superstition. Votre juste défiance des plaisirs corrupteurs, ils s'en moqueront comme d'une pusillanimité puérile. Votre prudent éloignement des dangers auxquels des compagnies frivoles exposent, ils le flétriront du nom odieux d'imbécillité. Ils s'efforceront peut-être d'éteindre en vous tout sentiment pour le Dieu qui vous créa et qui vous conserve; en tachant de vous persuader que si réellement il existe, il est d'une parfaite indifférence sur la conduite des êtres qu'il a produits. Ils pousseront la folie jusqu'à espérer de vous faire croire que la mort n'est suivie d'aucun jugement, d'aucune punition, d'aucune récompense; comme si les créatures douées d'une ame raisonnable, et les animaux qu'on voit brouter l'herbe, n'avoient qu'une même destination !

A ces blasphêmes enfantés par le délire, quand ils ne sont pas l'œuvre de l'iniquité, opposez cette raison souveraine qui démontre qu'un monde où tout annonce une intelligence infinie, n'est point l'ouvrage du hasard; qu'il existe un Être suprême des mains duquel ce monde magnifique est sorti; que l'ame dont il a doué l'homme est immortelle, et doit, après notre courte vie, comparoître au tribunal du juge souverain; que si le Tout-Puissant a des récompenses pour les bons, il a des peines pour les méchans; que, quand même il ne seroit pas aussi certain qu'il l'est, qu'un autre ordre de choses doit venger la vertu opprimée, et châtier le crime oppresseur, nous trouverions encore notre intérêt dans la sagesse, parce qu'elle nous procure la paix du cœur; qu'il n'y a de vraiment heureux sur la terre, que ceux qui vivent soumis aux lois de la providence; qu'enfin abandonner les exercices de la religion dans laquelle on a eu le bonheur d'être élevé, c'est se préparer aux approches de la vieillesse, et sur-tout au moment de quitter la vie, des remords qui deviennent quelquefois aussi inutiles qu'ils sont déchirans.

Celui qui adore l'Éternel, dit un auteur, détruit d'un souffle ces fantômes de raison qui n'ont qu'une vaine apparence, et fuyent, comme une ombre, devant l'immortelle vérité. Rien n'existe que par celui qui est. C'est lui qui donne un but à la justice, une base à la vertu, un prix à cette courte vie employée à lui plaire; c'est lui qui ne cesse de crier aux coupables, que leurs crimes secrets ont été vus, et qui fait dire au juste oublié: Les vertus ont un témoin; c'est lui, c'est sa substance inaltérable qui est le vrai modèle des perfections dont nous portons une image en nous-mêmes. Nos passions ont beau la défigurer, tous ses traits liés à l'essence infinie se représentent toujours à la raison, et lui servent à rétablir ce que l'imposture et l'erreur en ont altéré.

Ne croyez pas au reste que ces personnages, dont la coupable audace insulte aux vérités éternelles, soient des philosophes, ainsi qu'ils voudroient eux-mêmes le persuader. Répandue chez tous les peuples de la terre, la superstition impose son joug à presque tous les esprits, et s'empare de la foiblesse des hommes; puissions-nous en extirper jusqu'aux dernières racines, dit Cicéron! Mais en écartant la superstition, ajoute cet orateur célèbre, prenons garde que la religion doit toujours rester inaltérable: le sage respecte les choses sacrées qu'ont révérées ses ancêtres. Eh! quelle idée faudroit-il donc se former du génie ou de la puissance d'un homme, qui, au souvenir des pratiques extérieures dont son esprit se trouveroit blessé, ne sauroit pas s'élever assez haut pour les considérer comme l'atmosphère en quelque sorte des idées religieuses, et qui, détournant son attention de l'importance de ces idées, ne conserveroit pas des égards pour tout ce qui en dépend? Loin de lui être contraire, la saine philosophie sert la véritable religion; elle condamne les discours hardis ou légers, les écrits frondeurs ou méprisans qui répandent le ridicule ou la dérision sur les opinions les plus respectables, et troublent le repos de ces ames paisibles qui s'abandonnent avec confiance à la douce émotion des sentimens religieux. Si l'on veut jouir de la liberté de penser, disoit un grand roi, faut-il insulter à la croyance établie? Nous connoissons les crimes que le fanatisme de la religion a fait commettre; gardons-nous d'introduire le fanatisme de la philosophie; son caractere doit être la douceur et la modération. Elle crie aux athées que s'ils sont assez malheureux pour fermer les yeux à cette resplendissante lumière qui atteste l'existence d'un Être éternel ; s'ils ont l'ame assez desséchée pour n'être plus accessibles aux vérités consolantes qui découlent d'une si grande idée ; ils doivent s'abstenir du moins de répandre leur désastreuse doctrine, cesser de vouloir obscurcir la clarté bienfaisante qui, au milieu des ténèbres les plus obscures, nous sert de flambeau ; et ne pas ressembler à ce monstre effrayant qui transformoit tout en pierres.

La religion n'est pas plus exigeante que la philosophie, disoit le savant et modeste Barthélemy ; loin de prescrire à l'homme aucun sacrifice qu'un honnête homme puisse regretter, elle répand un charme secret sur ses devoirs, et lui procure deux avantages inestimables : une paix profonde pendant sa vie, une douce espérance au moment de sa mort. J. J. écrivoit à un jeune homme : « Sur-tout, apprenez à respecter la religion ; l'humanité seule exige ce respect. Les grands, les riches, les heureux du siècle seroient charmés qu'il n'y eût point de Dieu; mais l'attente d'une autre vie console de celle-ci le peuple et le misérable; quelle cruauté de leur ôter encore cet espoir! »

Mais ces ennemis de l'humanité que l'esprit de parti voudroit aujourd'hui nous présenter comme des philosophes, voulez-vous les réduire au silence ou du moins à la nullité? opposez-leur le spectacle d'une vie conforme à vos principes; montrez-leur en action les pures maximes qu'une morale divine a gravées dans votre cœur. Tant que vous serez dans cette maison, je ne crains pas que vous vous écartiez du chemin où des guides éclairés vous conduisent; la règle que vous êtes obligées d'y suivre vous fait de vos obligations les plus sacrées la plus heureuse nécessité. C'est quand vous serez rentrées sous le toit paternel, lorsque vous aurez paru dans le monde, qu'il faudra montrer votre fermeté dans vos devoirs. Une jeune personne n'oublie alors que trop souvent et les exercices religieux qui nourrissoient sa piété, et la résolution qu'elle avoit prise d'y persévérer avec zèle; comment, pour peu qu'on se néglige, ne pas céder au torrent qui entraîne tant de vertus? L'art avec lequel il faut se parer, les spectacles qu'on est décidée à suivre, les plaisirs qu'on brûle de prolonger, tout distrait, tout éloigne des règles qu'on s'étoit prescrites; et bientôt l'on est si accoutumée à la dissipation, l'on a un besoin si grand des fêtes tumultueuses, qu'on n'a pas même le temps de penser au souverain Être à qui l'on a promis tant de fidélité.

Ah! qu'une autre conduite vous dislingue, jeunes élèves, si vous voulez conserver votre innocence et votre bonheur! Songez qu'au lieu de vous dispenser de la piété envers l'Être suprême, l'âge tendre où vous êtes vous en fait une nouvelle obligation; qu'il est juste qu'à l'instant où votre cœur aime, il aime son Dieu; que le frein de la loi divine vous est d'autant plus nécessaire, que, sans lui, une jeune personne, semblable à un vaisseau sans gouvernail et sans pilote, fait, sur une mer orageuse, un naufrage certain; que les années qui vous sont le plus chères, qui vous coûtent le plus à sacrifier, qui feront durer plus long-temps votre sacrifice, sont celles qu'il vous importe le plus de consacrer à l'Éternel; que maintenant, semblables à un arbre encore tendre, vous avez plus de facilité à vous plier au joug aimable de la vertu; que les sociétés où vous allez paroître attendent de vous une conduite qui annonce la sainteté de votre croyance, et qu'elles n'auroient nulle confiance en votre sagesse, si elles voyoient qu'au sortir de cet auguste sanctuaire, vous avez abandonné vos exercices religieux.

Quelques vertus morales que possède un homme à qui la religion manque, dit un auteur, de combien de douceurs n'est-il pas privé ? Quel sentiment peut le consoler dans ses peines ? Quel spectateur anime les bonnes actions qu'il fait en secret ? Quelle voix peut parler au fond de son cœur ? Quel prix peut-il attendre de sa vertu ? Comment doit-il envisager la mort ?.... Ames innocentes et pures qui voudriez tout soumettre à l'empire du sentiment; vous qui, parées dans votre jeunesse des plus beaux dons de la nature, exercez pendant toute votre vie une si douce puissance sur les cœurs vertueux, vous saurez mieux un jour combien la morale, soutenue de l'appui de la religion, contribue au bonheur des familles ; mais ne sentez-vous pas déjà que, sans elle, une jeune personne perd ses attraits les plus ravissans? Vous faites un moment l'ornement du monde, et vous vous glorifiez de notre admiration; mais ne vous fiez pas à cet éclat que nous avons vu naître, et que nous verrons peut-être flétrir. N'attendez pas que vos traits s'effacent, que vos pas chancellent, et que le temps sillonne votre front. Rendez, dès ce moment, hommage à la seule grandeur réelle qu'il y ait dans l'Univers ; obéissez aux lois religieuses qui furent avant vous et qui vous suivront; bravez avec courage le sourire dédaigneux des faux sages, les propos moqueurs des jeunes étourdis ; et souvenez-vous que loin de diminuer ou de décolorer les plaisirs, la piété véritable les multiplie et les rend plus sensibles.

Gardez-vous cependant d'imaginer qu'en vous exhortant à être fidèles aux lois religieuses, j'exige que vous deveniez plus graves que ne le sont les jeunes personnes, ou que vous vous érigiez en censeurs despotiques, de ceux qui ne montrent pas les mêmes principes que vous. La véritable religion respire la douceur et l'affabilité. Elle donne au maintien une aisance naturelle et sans affectation ; sociable, pleine de graces et de gaîté, elle est très éloignée de cette superstition sombre et mélancolique qui obscurcit l'humeur, endurcit le caractère, rétrécit l'ame, afflige l'esprit. Elle inspire cette fierté noble qui fait qu'une fille regarde comme indigne d'elle tout ce qui n'est pas digne de la vertu ; et elle prouve, dans toutes les occasions, que ce n'est qu'en voulant plaire à Dieu, qu'on plaît aux hommes et à soi-même.

Après avoir été, dans une maison d'éducation, l'exemple de ses compagnes, la jeune Antonie arrive dans le monde, pleine du désir d'y conserver sa piété ; mais à peine a-t-elle goûté les plaisirs où tant de sociétés entraînent, qu'elle oublie ses sages résolutions. Les spectacles, les fêtes, les bals, et tout ce qu'ils exigent de parure, de graces, de talens, l'occupent sans réserve; elle ne trouve plus un moment à consacrer à ses devoirs. Au milieu du tourbillon où elle perd jusqu'au souvenir de l'Etre suprême, on propose sa main à un jeune homme qui paroît ne pas tenir plus qu'elle à des principes religieux : Je serois bien fâché de m'unir a *Antonie*, répond le prudent *Edouard*; une fille dont la religion à cessé d'être le frein, ne sera jamais mon épouse; quel garant me donneroit-elle de sa vertu? Oh! que cet Edouard avoit de sagacité! Soyez certaines que les hommes regardent la religion comme un des plus sûrs gages que les femmes puissent leur fournir de cette fidélité à laquelle ils attachent un si juste intérêt; et que si l'un d'eux, prétendant vous montrer son affection, s'efforçoit d'ébranler votre foi, il auroit incontestablement sur vous des desseins non moins funestes que coupables.

II. Cependant, vous ne rencontrerez pas seulement dans les sociétés des téméraires qui frondent tout, vous y trouverez encore des hypocrites qui simulent tout.

Dans le temps où l'on proscrivoit la religion comme une erreur, et la piété comme une foiblesse, qui eût pu imaginer qu'il en viendroit un où ce qui tiendroit au mensonge seroit présenté comme véritable, ce qui émaneroit de la superstition, proclamé comme pieux? Grace à l'esprit de parti qui naguère agitoit la France, cette espèce de prodige s'étoit opéré; et l'on a vu des ennemis de la religion pousser leur absurde fausseté, jusqu'à s'ériger en apôtres de l'église.

Je ne m'arrêterai certes point à vous prouver combien une semblable imposture est odieuse : s'il y a quelque chose qui révolte une ame honnête, c'est l'impiété qui, dans des vues coupables, affecte des sentimens religieux. Exiger que les hommes pensent de nous ce que nous n'oserions en penser nous-mêmes, vouloir qu'on nous croie amis de la vertu, lorsque nous n'aimons que le vice, est une bassesse qui mérite le plus souverain mépris : quelle horreur doit donc exciter la fourberie qui joue la religion au point de la faire servir au crime ? Non, vous n'avez pas besoin que j'insiste sur l'indignation que s'attire toujours un tel attentat ; vos cœurs délicats et purs sont inaccessibles à une dissimulation aussi perverse; tout ce qui tient aux croyances religieuses vous inspire un inviolable respect.

Mais il est une affectation qu'on appelle prudence, des déguisemens que l'on nomme vertus. Combien de personnes qui, n'ayant réellement aucune religion, ne laissent pas de prendre parti dans les disputes religieuses, de s'attacher à ceux qui pensent d'une certaine manière; de se prévenir contre ceux qui pensent autrement, de les mépriser, de s'en éloigner, de les condamner sans les entendre, sans les connoître même, et sans se donner la peine d'examiner ce qu'ils ne pourroient peut-être pas haïr, après l'avoir connu. Il y a des gens, dit un écrivain moderne, qui ne sont pas tout-à-fait sans religion; mais ils se bornent à une religion extérieure et maniérée qui, sans toucher le cœur, rassure la conscience, à de simples formules; ils croient exactement en Dieu, à certaines heures, pour n'y plus penser le reste du temps; scrupuleusement attachés au culte public, ils n'en savent rien tirer pour la pratique de la vie. Ne pouvant accorder l'esprit du monde avec l'évangile, ni la foi avec les œuvres, ils prennent un milieu qui contente leur vaine sagesse; ils ont de manières pour croire et d'autres pour agir; ils oublient dans un lieu ce qu'ils avoient pensé dans un autre; ils sont dévots à l'église, et incrédules au logis: alors ils ne sont rien nulle part; leurs prières ne sont que des mots, leurs raisonnemens des sophismes, et ils suivent, pour toute lumière, la fausse lueur des feux errans qui les guident pour les perdre.

C'est dans une matière aussi grave que celle dont nous parlons, l'abus contre lequel nous devons armer votre inexpérience, en vous exhortant à mettre dans votre conduite religieuse, toute la vérité qu'exige le grand être qui vous en a prescrit l'indispensable devoir. Trop souvent entraînées par l'amour du plaisir et l'empire des convenances, vous voudrez donner à Dieu les apparences, au monde la réalité de vos sentimens. Trop souvent, cherchant à allier des choses incompatibles, vous croirez que, pour contenter l'œil qui perce jusqu'au fond de vos ames, il suffit d'en imposer aux yeux qui suivent la marche de vos actions. Il faut que nous vous apprenions et que vous sachiez que la vérité seule peut vous mettre à l'abri des censures des hommes, de la justice de Dieu; et que, comme dans la nature rien n'est beau, dans le raisonnement rien n'est solide que ce qui est vrai; rien aussi, dans la religion, n'est vertueux que ce qui est conforme à cette vérité éternelle.

Loin donc de vous ce système affreux qui, déclarant que la religion n'est que pour le peuple, n'en affecte les dehors que pour le tromper; qui, séparant ainsi ses opinions de la crédulité du vulgaire, croit avoir satisfait à tout, en ne le blessant en rien; et regarderoit comme une foiblesse inexcusable dans les bons esprits la croyance qu'ils partageroient avec la foule. Sans doute les personnes instruites, sur-tout celles d'un sexe naturellement

turellement pieux, doivent l'exemple des vertus aux regards des hommes; malheur aux femmes qui, méprisant jusqu'aux bienséances, se font un jeu des scandales, et une honte de la piété! Mais est-ce par des travestissemens et des momeries qu'on satisfait à l'immuable loi de l'édification? La fausseté n'a point de consistance, et le mensonge est transparent; le masque dont on ose couvrir la laideur de ses traits échappe bientôt de la main qui l'oppose à la curiosité de la multitude; et jamais on ne recueillit d'un semblable manége d'autre fruit que la publique animadversion.

On sait que les femmes qui ont été le plus dissipées dans leur printemps sont ordinairement celles qui, dès leur automne, se jettent dans le sein de la dévotion. Lorsque cette dévotion est sincère, elle est pour leurs ames un bonheur incomparable, parce qu'elle y exalte, elle y crée même les plus solides qualités; mais parmi les femmes qui méritent le respect qu'on doit à une vie exemplaire, combien qui, se bornant à des pratiques extérieures, conservent un fonds de vanité, d'aigreur, de jalousie, de malignité, et, au lieu de suivre cette douce morale qui gagne les cœurs, ne montrent que cette orgueilleuse pruderie qui repousse la confiance!

Sous le règne d'Aurélien, dit Saint-Lambert, une jeune princesse quitta la cour d'un roi d'Asie, son père, pour épouser un jeune prince qui devoit être un jour le souverain de l'Arabie. Elle n'étoit point belle, mais elle avoit tous les agrémens qui, aux yeux même des gens frivoles, valent bien mieux que la beauté. Avant son arrivée, la cour d'Arabie étoit la cour la plus triste du monde; la princesse la changea dans un moment. Les jeunes gens, les hommes d'un âge mûr se trouvoient heureux de voir succéder les fêtes, la politesse, le bon goût, à la morgue, à l'imposture, à la superstition. On vanta la beauté de la jeune princesse; elle entretenoit la concorde parmi les courtisans; elle leur inspiroit souvent la bienfaisance, et quelquefois, dit-on, la justice. Il y avoit du plaisir à la cour et du bonheur dans le royaume. Graces aux manœuvres des hypocrites, ce bonheur ne dura pas: la pruderie fut la plus forte; elle tracassa la princesse; elle la contraria dans ses goûts et dans ses vertus. Les accusations des intolérans, la gravité des sots, l'envie des laides, la forcèrent de mettre la hauteur à la place de l'affabilité, la sévérité et l'ennui à la place des jeux et des plaisirs. Tout changea autour d'elle, elle changea elle-même, et devint dans peu d'années austère, bigote, acariâtre, et la reine la plus fastidieuse de l'Arabie.

Voilà les caractères et les effets de cette fausseté qui se glisse jusque dans les actions les plus louables, et répand des soupçons injustes jusque sur la plus solide vertu. Que jamais cette fausseté ne pénètre dans vos cœurs, ne souille vos intentions, ne dégrade votre conduite ; on est à ses yeux-mêmes si méprisable, quand on feint une piété qu'on n'a point ! Quelles que soient les circonstances, les personnes, les opinions au milieu desquelles vous vous trouverez, montrez que la vérité préside à tous vos discours, à tous vos sentimens, à toutes vos démarches ; et que vous avez horreur de l'audace qui, sous l'œil de l'éternel ennemi du mensonge, va se parant du trompeur étalage de la dévotion. Que des personnes pleines d'orgueil, de fiel et de vengeance, fassent servir ce que le ciel a de plus sacré, la terre de plus auguste, à des projets dont le succès seroit si funeste aux nations ; vous, croyez que la vérité n'est point une chose dont on puisse se jouer impunément ; soyez d'une aimable simplicité au milieu de toutes vos bonnes œuvres; et souvenez-vous que, si l'hypocrisie est odieuse devant les hommes, elle est abominable devant Dieu.

III. La négligence qui abandonne les devoirs religieux, la fausseté qui se mêle à de pieux exercices, sont de bien coupables infidélités. En est-ce une moins grande que l'intolérance qui ne souffre pas des opinions contraires aux nôtres?

« Ce qui inspire le plus d'éloignement pour les dévots de profession, dit un auteur célèbre, c'est cette âpreté de mœurs qui les rend insensibles à l'humanité; c'est cet orgueil excessif qui leur fait regarder en pitié le reste du monde. Dans leur élévation sublime, s'ils daignent s'abaisser à quelque acte de bonté; c'est d'une manière si humiliante, ils plaignent les autres d'un ton si cruel, leur justice est si rigoureuse, leur charité est si dure, leur zèle est si amer, leur mépris ressemble si fort à la haine, que l'insensibilité même des gens du monde est moins barbare que leur commisération. L'amour de Dieu leur sert d'excuse pour n'aimer personne: mais plus ils se détachent des hommes, plus ils en exigent; et l'on diroit qu'ils ne s'élèvent à Dieu que pour exercer son autorité sur la terre ».

Sans doute il y a de l'exagération dans ce portrait; il n'en reste cependant pas moins vrai qu'un des plus grands crimes qu'on puisse reprocher aux hommes, est cette inhumanité qui, jugeant des choses dont elle ne peut ni ne doit connoître, persécute ceux que le ciel ordonne d'aimer, et, sous prétexte d'une différence d'opinions sur lesquelles Dieu seul peut prononcer, tourmente les corps, les cœurs, et les consciences. Si je consulte la raison, elle me dit que, lorsqu'on réfléchit sur la diversité des esprits, cause nécessaire de la diversité des opinions, sur la foiblesse de l'entendement humain qui trouve ses limites dans l'examen d'un atome, sur l'incertitude de nos connoissances, et les signes trompeurs du faux et du vrai, on s'étonne que chacun de nous, fier et impérieux dans le petit coin où il domine, ose, sans mission, y trancher, y décider en maître, et imposer sa croyance comme une loi. Si je consulte la justice, elle m'assure que nul ne doit être troublé dans sa religion, et que chacun a le droit de suivre son jugement en matière de doctrine, pourvu que sa conduite soit du reste absolument subordonnée aux lois qui doivent protection à tous. Si je consulte l'humanité, elle me crie : La religion bien entendue, loin d'être le principe d'aucune dureté, d'aucune violence, doit être le soutien de toutes les vertus sociales, de tous les sentimens doux et indulgens. Oh! Dieu, ce sont tes créatures qu'on oseroit proscrire en ton nom! C'est l'ouvrage de ta sagesse qu'on se proposeroit d'immoler à ta gloire! C'est ce bonheur que tu as soigné de tes mains paternelles, que l'on voudroit détruire pour t'en offrir les tristes débris! Si la justesse de l'esprit, la perfection de la raison, l'exactitude du jugement, étoient les seuls titres à la bienfaisance céleste, il n'est aucun de nous qui ne dût détourner à jamais ses regards de tout espoir; et ceux qui se flattent de connoître seuls le culte agréable à l'Être suprême, perdent tous leurs droits à la confiance des mortels, au moment où, guidés par un esprit intolérant, ils s'éloignent du caractère que doit leur inspirer l'idée d'un Dieu souverain, protecteur de la foiblesse humaine. Si je consulte le code auguste des chrétiens; j'y lis ces belles paroles : « Ne » soupçonnez, ne jugez, ne condamnez » personne. Si quelqu'un *veut* venir » après moi, qu'il me suive; aimez votre » prochain comme vous-mêmes; ne dis-

» tinguez point l'habitant de *Jérusalem*,
» de l'habitant de *Samarie*. Ce n'est ni sur
» la montagne de *Sion*, ni sur celle de
» *Garizim*, qu'il faut aller dresser des
» autels; mais chacun peut élever un
» temple au fond de son cœur pour y
» adorer l'Éternel en *esprit et en vérité*.
» Mon père, pardonnez-leur, car ils ne
» savent ce qu'ils font... » Et cent autres
passages qui prouvent que l'hommage
d'un cœur droit et vertueux honore plus
l'Éternel, que la pompe du culte extérieur et la multitude des victimes; que
le législateur des chrétiens a voulu laisser les consciences entièrement libres,
et leur présenter la *domination* comme
un orgueil auquel l'homme ambitieux
peut bien chercher des excuses, mais
que l'homme juste repousse de toute
l'énergie de sa vertu. Enfin, si je consulte les lois de l'état, j'apprends qu'elles
ne veulent aucun culte exclusif; que la
liberté de tous est aussi sacrée que la

propriété de chaque citoyen; que le magistrat civil n'étant préposé que pour avoir soin des intérêts temporels, il ne peut ni tourmenter les hommes pour leur acquérir une félicité éternelle qui ne le regarde en aucune manière, ni permettre qu'on attente, dans le même objet, à leur tranquillité présente qu'il est chargé de protéger; qu'un culte *exclusif* étant nécessairement un culte *oppresseur*, ce mot doit être à jamais banni de notre législation; et que rien parmi les François, ne doit désormais *dominer* que la justice.

Ce n'est pas que, parmi ceux qui attaquent la tyrannie exercée contre les consciences, il ne se trouve des hommes aussi intolérans dans la défense de leur système, et qu'on ne puisse leur reprocher d'avoir souvent du mépris, quelquefois de la haine, pour ceux qui ne se rangent pas sous leurs étendards. On diroit qu'après avoir renversé l'empire de la divinité, afin de rester les seuls législateurs du monde, ils se lassent de n'avoir plus de rival, et voudroient relever le temple qu'ils ont détruit, pour y insulter encore à une vaine idole. Mais ceux qui, pour nous affranchir de la superstition, s'appliquent à relâcher tous les liens religieux, et ceux qui, pour fortifier ces liens, ont recours à l'intolérance, manquent réciproquement leur but; les uns aliènent de la religion des cœurs qui ne peuvent souffrir la contrainte; les autres y attachent davantage des ames, dont elle fait le bonheur. Etoit-ce la peine d'être injuste?

La religion forcée n'est plus religion, dit Lactance; il faut persuader, et non contraindre; la religion ne se commande point. Persécuterons-nous ceux que Dieu tolère, dit Augustin? C'est une exécrable hérésie, dit Athanase, de vouloir attirer par la force ceux qu'on n'a pu convaincre par la raison. Conseillez et ne forcez pas, dit Saint-Bernard. Nous savons que la foi se persuade et ne se commande point, dit Fléchier. Si le ciel vous a assez aimé, dit Montesquieu, pour vous faire voir la vérité, il vous a fait une grande grace; mais est-ce à ceux qui ont l'héritage de leur père, de haïr ceux qui ne l'ont pas? La persécution irrite les esprits, s'écrioit une grande impératrice; la tolérance les adoucit et les rend moins obstinés; elle étouffe ces disputes contraires au repos de l'état et à l'union des citoyens. Enfin, l'éloquent ministre des cultes disoit, il y a peu de jours: La force ne peut rien sur les ames; la conscience est notre sens moral le plus rebelle. Les actes de violence ne peuvent rien opérer, en matière religieuse, que comme moyen de destruction. Voilà des principes incontestables, et que toutes les manœuvres des intolérans ne détruiront pas.

Dans la crainte de vous rendre coupables d'intolérance, jeunes élèves, respectez donc les bornes prescrites par la douceur, la modération, l'indulgence; et, tout entières occupées du soin de vous acquitter des devoirs que votre religion vous impose, ne vous informez pas même de la manière avec laquelle vos concitoyens remplissent les leurs. Quand ils auroient le malheur d'y être infidèles, est-ce à vous d'en connoître et d'en murmurer? Répondrez-vous devant l'Eternel de leurs opinions et de leur vie? Avez-vous été constituées juges de leur croyance et de leurs actions? Que seroit-ce, si non seulement vous les condamniez, mais vous les haïssiez, vous les desserviez, vous les persécutiez? Il est trop vrai que des personnes, dont on devroit attendre les ménagemens de la charité, puisqu'elles affichent l'intérêt du zèle, souillent leurs conversations de traits d'aigreur et d'amertume contre des hommes auxquels elles ne devroient montrer que de l'affection et des égards. Connoissent-elles les motifs qui les font agir? sont-elles initiées dans les mystères de leurs consciences? n'ignorent-elles aucunes des circonstances qui accompagnèrent les actions qu'elles osent leur reprocher? Eh! quand ils seroient réellement coupables, ne seroit-ce pas pour des ames vraiment pieuses un motif de les attirer, afin de les convertir? En vain le fanatisme, réel ou feint, qui poursuit des frères égarés ou criminels, se pare du beau nom de zèle, et prend contre la conduite des hommes la défense de l'Eternel : on n'est point religieux, si l'on n'est humain. Tout apostolat, qui emploie la force au lieu de la persuasion, est un crime ; la religion, loin d'être un aliment salutaire, se tourne en poison dans les cerveaux infectés, parce qu'ils la font servir à tout ce que leurs passions leur inspirent. Souvenez-vous que les maladies de l'ame ne se guérissent point par la violence, s'écrioit le cardinal le Camus. Tolérons-nous mutuellement, parce que nous sommes tous foibles, inconséquens, sujets à la mutabilité, à l'erreur; ayons horreur de cette barbare intolérance qui se plaît à tourmenter, dans cette vie, ceux qu'elle destine aux tourmens éternels dans l'autre. Henri IV disoit : *Ceux qui suivent tout droit leur conscience sont de ma religion; et moi, je suis de celle de tous ceux-là qui sont braves et bons.* Que l'exemple des vertus, les invitations de la charité, les conseils de la sagesse, soient les seuls moyens que nous employions pour ramener les esprits. Quand ils seront rebelles à de si doux moyens, nous pouvons les plaindre; ne les accusons pas, ne les dénigrons pas, ne les tourmentons pas; jugeons les actions des hommes, et laissons Dieu juge de leur foi. Puisque sous un gouvernement ami de la justice nous jouissons de la liberté des cultes, respectons-les tous; croyons, avec ce qu'il y eut d'hommes éclairés et sages, que l'Eternel aime tous ses enfans, qu'il ne veut la perte d'aucun d'eux, qu'il suffit de vivre conformément à sa loi pour avoir droit à sa bienfaisance, qu'à lui seul est réservé le jugement; et souvenons-nous que la première des libertés est celle de son sentiment; la plus respectable des propriétés, celle de sa conscience.

Et, à cet égard, permettez-moi de citer ici, jeunes élèves, un des plus beaux génies que l'Europe ait vu naître, et qui, zélé pour la religion, ne vouloit point d'intolérance parmi ceux qui la professent. « Les divisions, disoit-il,

occasionnent des scandales plus dangereux que ceux qui naissent des mœurs
corrompues. Il se trouve certains zélés
qui frémissent au seul nom d'union,
comme si la paix étoit moins intéressante que les partis. Pourquoi ne croi-
rions-nous pas que celui qui a le ciel
pour siége, qui lit dans nos cœurs et le
connoît jusqu'aux moindres détours,
voit la différence apparente de nos sentimens s'évanouir, et nous chérit les
uns les autres dans l'unité de son
amour? Violenter les hommes pour les
convaincre, c'est briser l'une contre
l'autre les tables de la loi. Le poëte Lu-
crèce se représentant Agamemnon im-
molant sa propre fille aux dieux, s'écrie
en soupirant: *La religion peut-elle au-
toriser de tels crimes?* Qu'eût-il dit, s'il
eût vu la cruelle nuit de la Saint-Bar-
thélemy en France, ou qu'il eût connu
la conspiration des poudres en Angle-

terre ? Certes, il fut devenu sept fois plus athée qu'il n'étoit. Nous souhaiterions que, dans toutes les assemblées où se traitent les intérêts de la religion, on traçât devant les yeux de ceux qui la composent ces belles paroles : *La colère de l'homme n'appaise et ne satisfait point la justice de Dieu* ».

Être suprême, s'écrioit tous les jours Aristée ! ta main forma l'homme pour le rendre heureux ; mais ta justice a voulu qu'il méritât son bonheur par un choix libre et volontaire de ce qui est agréable à tes yeux. Puisse cette liberté précieuse être l'instrument de sa félicité ! puisse-t-il en faire l'usage que lui conseille la raison, et que la conscience lui inspire ! S'il consulte la raison, s'il écoute la nature, son esprit et son cœur s'ouvriront à la justice et à la vérité ; le tyran brisera son sceptre de fer, l'assassin tombera aux pieds de l'humanité bienfaisante, le calomniateur aux pieds de l'innocence, le méchant aux pieds de la vertu; le fanatisme, la superstition, mille erreurs insensées disparoîtront, comme les spectres de la nuit aux rayons d'un beau jour. L'homme reconnoîtra dans l'homme la créature de Dieu; il reconnoîtra dans Dieu le souverain maître de l'univers, son créateur et son père. Et toi, Dieu puissant, tu verras dans tes créatures des objets dignes de ton amour! Hâte, grand Dieu! ce temps heureux de lumière et de paix; que la vérité brille enfin sans nuage; que les doux liens d'une bienveillance universelle unissent tous les hommes; que, dans le sein de l'innocence et de la vertu, la nature enfante sans cesse des générations nouvelles, et qu'attirées par ton amour elles s'élèvent de monde en monde jusqu'au sommet de la création, en chantant la puissance et les bienfaits du créateur!

Fermeté, vérité, tolérance, jeunes élèves, voilà donc quelles doivent être les dispositions de votre ame, si vous voulez vous rendre méritoires les exercices de votre religion. Quel malheur pour vous si, dans la société où vous appellera bientôt la volonté paternelle, vous alliez perdre de vue d'aussi essentielles obligations! Nous connoissons une femme qui, exacte à ses devoirs domestiques, ne néglige pas un seul de ses devoirs religieux; qui, regardant comme une impiété devant Dieu et un opprobre devant les hommes l'hypocrisie qui affecte des sentimens qu'elle n'éprouve point, est aussi vraie dans sa conduite que courageuse dans sa fidélité; qui, pénétrée pour ses semblables de la plus sincère charité, n'accuse, ne juge, ne condamne jamais personne; met, en un mot, dans sa religion tant de courage, tant de loyauté, tant d'indulgence, qu'elle est honorée, estimée, chérie de tous ceux qui ont l'avantage de l'approcher. Voilà le modèle que je vous propose dans vos jeunes années, l'exemple que vous aurez encore à suivre dans vos vieux jours. Puissiez-vous marcher tellement sur les traces de la pieuse *Mélanie*, que vous méritiez autant qu'elle les bontés de l'Être suprême, la vénération des citoyens vertueux ! Je ne saurois former de désirs dont l'accomplissement fût pour vous plus heureux dans cette vie et dans l'autre.

DISCOURS

SUR LES DISPOSITIONS OU LES JEUNES PERSONNES DOIVENT ÊTRE, RELATIVEMENT A LEUR ÉTABLISSEMENT.

Le bonheur d'une honnête fille est de faire celui d'un honnête homme.

J.-J.

PLUS nous nous sommes approchés du terme de ce cours de morale, plus les sujets que nous avons eu à traiter sont devenus importans. Si, avant de le finir, il nous reste une matière intéressante à vous développer, n'est-ce pas celle qui naît des circonstances où vous allez être placées; je veux dire l'établissement auquel tout semble vous destiner? Dans les pays où les bonnes mœurs ont plus de force que n'en ont ailleurs les bonnes lois, on ne connoît point d'état plus heureux que celui du mariage. « Il a pour sa part, dit Montaigne, l'utilité, la justice, l'honneur et la constance.

C'est une douce société de vie pleine de fiance, et d'un nombre infini de bons et de solides offices et obligations mutuelles ; à le bien façonner, il n'est point de plus belle pièce dans la société. »

Quoique ces réflexions soient parfaitement justes, il n'en est pas moins vrai, jeunes élèves, qu'avant de consentir à former un aussi respectable lien, il faut pouvoir présumer que vous y rencontrerez le bonheur, du moins que vous n'y serez pas malheureuses; et pour acquérir cette confiance, votre premier soin doit être de la mériter. Quand il s'agit de se lier par des nœuds durables à un homme dont l'esprit et le caractère peuvent être aussi difficiles que dangereux; de faire le sacrifice de sa personne à quelqu'un que l'on connoît à peine, ou sur le compte duquel il est si ordinaire de se tromper; de mettre au monde des enfans qu'il faut ensuite nourrir, élever, établir d'une manière convenable; on ne sauroit user de trop de prudence pour éviter les chagrins funestes qui suivent les téméraires unions.

Quels conseils avons-nous donc à vous donner afin de vous procurer, dans l'établissement auquel vous êtes destinées, un sort dont vous ayiez à vous féliciter? Premièrement, de prendre ces sages précautions qui y font éviter les méprises; secondement, de former ces résolutions courageuses qui en font remplir les devoirs. Puissiez-vous aujourd'hui si bien vous en convaincre, que vous régliez votre conduite sur votre persuasion, et que vous n'ayiez jamais à vous repentir d'une démarche qui a souvent des suites si déplorables!

I. Se marier, mes demoiselles, c'est décider par un seul mot de sa vie entière; c'est irrévocablement fixer son malheur ou sa félicité. Il est peu de situations moyennes entre ces deux termes; les chercher

chercher seroit perdre en abstractions inutiles un temps qui nous fut donné pour les bonnes actions. N'allez cependant pas croire que, dans cette dangereuse alternative, il n'y ait pas des moyens de vous ménager, autant qu'il est possible à la foiblesse humaine, un état heureux. L'Eternel ne vous a pas laissées en proie à une triste nécessité; et la vertu, si vous y consacrez votre coeur, vous assure, dans tous les cas, un sort digne d'envie.

La première chose que doit faire une jeune fille, parvenue à l'époque où l'on établit les jeunes personnes, est de consulter cette Providence qui veille avec des soins si tendres aux besoins raisonnables de ses enfans. Que celles pour qui la religion n'est qu'un bien foible intérêt, ou qui ont le malheur de n'en suivre aucune, contractent l'union la plus auguste sans avoir imploré son secours; vous, qui depuis long-temps avez appris qu'à la tête de toutes nos entreprises nous devons placer celui qui tient nos destinées dans ses mains, jetez-vous entre ses bras avec confiance, et demandez-lui qu'il vous éclaire dans une circonstance de laquelle dépend votre sort.

Permettez-nous de vous citer, à cet égard, un trait dont la simplicité antique est si touchante. Abraham, voulant marier son fils Isaac, envoya son serviteur Éliézer en Mésopotamie, pour lui trouver une épouse digne de lui. Arrivé dans une ville appelée *Nachor*, Éliézer leva les yeux au ciel, et fit cette prière à l'Être suprême : « Seigneur,
» Dieu de mon maître Abraham, qui
» l'avez singulièrement béni dans toutes
» ses entreprises, qui avez présidé à
» toutes ses démarches, et conduit tous
» ses pas; Dieu tout-puissant, qui faites
» servir, quand il vous plaît, les choses
» les plus simples et les moins remar-

« quables à l'accomplissement de vos
» desseins ! les graces dont vous com-
» blez Abraham et la fidélité inébran-
» lable qui l'attache depuis si long-temps
» à votre service, ne me permettent
» point de douter qu'il ne m'ait envoyé
» par votre ordre, et que votre ange
» ne m'ait conduit dans ces contrées
» pour y chercher l'épouse que vous
» destinez à Isaac. Daignez donc me la
» faire connoître par un signe auquel
» je ne puisse pas me méprendre. Voici le
» moment où les filles de la ville sortent
» de l'habitation paternelle pour venir
» puiser de l'eau ; si la personne à la-
» quelle j'en demanderai est celle que
» vous destinez au fils de mon maître,
» faites que non seulement elle m'en
» donne à moi-même, mais qu'elle m'en
» offre pour abreuver mes chameaux. »
Eliézer avoit à peine achevé cette prière,
qu'il apperçoit la jeune Rebecca s'en re-
tournant chez elle après avoir puisé de

l'eau; il court au devant de ses pas, la prie de lui donner à boire, et non seulement sa prière est écoutée, mais elle lui offre de l'eau et en puise elle-même pour ses chameaux. A ce signe, qui ne lui laisse plus aucun doute, le fidèle serviteur la suit dans la maison de Bathuel, son père; il la demande en mariage pour Isaac, on la lui accorde; peu de jours après, il la conduit à Abraham; et le plus intéressant des époux obtient la plus vertueuse des femmes.

C'est ainsi, jeunes élèves, que la Providence bénit le mariage de celles qui s'empressent de la consulter, qui se laissent conduire par sa divine impulsion, et qui, au milieu des circonstances que le vulgaire aveugle nomme hasard, savent entendre la voix qui parle au fond des consciences. Cette providence n'agit pas toujours d'une manière aussi sensible; des signes aussi manifestes annoncent rarement ses volontés mais elle attache toujours le malheur à l'inconsidération et au vice, le bonheur à l'innocence et à la vertu; et quand, par une conduite sage, on s'est rendue digne de ses faveurs, on n'invoque pas sans succès la tendresse qu'elle a pour les ames simples et droites.

Cependant, quels sont ici-bas les organes ordinaires de la Providence, et qui devez-vous consulter pour être certaines que vous marchez dans le sentier qu'elle vous a frayé? Seroit-ce votre jeune amie? Mais elle a autant, et peut-être plus que vous encore, besoin de conseil; son inexpérience la rend incapable de vous guider au milieu du labyrinthe qui s'ouvre devant vous; sa tendresse même pourroit vous dicter un choix qui vous livreroit à tous les malheurs de la vie; eh! qui sait si son ame seroit assez exempte de préjugés, peut-être de jalousie, pour ne pas vous engager à des démarches dont vous auriez long-temps à vous repentir! Seroit-ce une de ces personnes qui, par intérêt, ou par je ne sais quelle manie, vont s'occupant sans cesse du soin de marier les jeunes gens? De pareils intrigans, de quelque espèce qu'on les suppose, sont et doivent être à vos yeux plus à craindre que tous les autres, parce qu'au fond des abîmes dans lesquels ils vous précipitent, ils ne placent aucune consolation. Seroit-ce l'homme qui désire de s'unir à vous? Mais ignorez-vous que si tous les hommes ne sont point perfides, tous aussi ne sont pas vertueux; qu'il suffit qu'on en rencontre de trompeurs, et que celui qui se présente puisse l'être, pour que vous usiez de la plus grande circonspection avec lui; qu'un fourbe adroit peut étudier vos goûts pour vous séduire et feindre auprès de vous des vertus qu'il n'a point; qu'il est bien rare que les sentimens qu'on témoigne à une demoiselle dont on ambitionne la main soient sincères ; et que l'art de se contrefaire naquit peut-être du désir de se faire aimer ? Seroit-ce votre propre cœur que vous consulteriez dans cette occurence ? Ah ! défiez-vous d'un guide qu'à votre âge tout conspire à égarer. Secouer les chaînes dont on se croit chargée auprès d'une mère à laquelle il devroit être si doux d'obéir ; entrer dans un état où l'on pense que l'on ne dépendra plus que de soi-même ; paroître rayonnante de nouveautés, de parure et de graces, dans un monde dont on pourra librement goûter les plaisirs, tout cet avenir offre une perspective si agréable, qu'elle séduit une jeune personne, et ne lui laisse pas même la faculté de songer aux épines cruelles qui sont cachées sous tant de fleurs. Non, le vertueux père qui vous donna le jour, la mère sensible qui vous a élevées, et à leur défaut, les parens auxquels ils crurent devoir vous confier, sont les personnes que votre intérêt doit le plus consulter dans une affaire aussi importante ; et j'augurerois aussi mal de votre sort que de votre sagesse, si vous vous décidiez jamais d'après des avis contraires aux leurs.

Ce n'est pas qu'un père et une mère aient le droit d'exiger une obéissance passive de leur fille relativement au choix d'un époux, et qu'elle doive, contre sa juste et raisonnable répugnance, donner, d'après leurs ordres, sa main à l'homme qui lui est présenté par une puissance si absolue ; qui est-ce qui peut aimer par le cœur d'un autre, dit Quintilien ? Une résistance respectueuse est au contraire alors de sa part un devoir qu'elle est obligée à remplir ; et l'autorité paternelle devient une tyrannie, si elle en commande le sacrifice. Mais hors ce cas, moins ordinaire aujourd'hui qu'il n'étoit jadis, une demoiselle n'a pas d'obligation plus essensielle que celle de se laisser conduire par ses parens, et de répondre à leur tendresse par la plus entière confiance.

Sortie de la maison où elle avoit été élevée avec plus de soins que de succès, la riche héritière d'une famille respectable fut si pressée de s'établir pour jouir plus tôt d'une entière indépendance, que le premier jeune homme qui s'offrit à sa vue lui parut celui qui devoit obtenir sa main. Elle n'avoit plus ni père ni mère, mais une tante pleine de sagesse lui restoit. Suivre les conseils de cette parente étoit son premier devoir; elle ne l'écouta point. Des démarches inconsidérées exposèrent sa réputation. Il fallut, contre l'avis de l'amitié, conclure le mariage, il fut célébré. Il y avoit à peine six mois que les deux époux étoient unis, que les divisions les plus scandaleuses éclatèrent entre eux. Un divorce honteux fut prononcé.

Des égaremens mutuels suivirent cette éclatante rupture; et, après avoir passé par tous les degrés de l'avilissement et de la licence, l'imprudente se trouve aujourd'hui plongée dans les plus déplorables malheurs.

Mais afin de se conformer aux voies de la Providence et aux désirs de sa famille, une jeune personne doit consulter la raison; car elle nous fut donnée pour éclairer de son flambeau les ténèbres qui obscurcissent l'horizon de la vie. Or, dans les circonstances décisives où se trouvent les demoiselles qu'il s'agit d'établir, que leur conseille cette raison, émanation auguste de l'Être suprême, et quelles sont les maximes dont les filles bien élevées ont un besoin extrême de se pénétrer? Mes enfans, leur dit-elle, ce qui fait la douceur d'un mariage que Dieu lui-même a béni, devient, quand il le désapprouve, une source journalière et intarissable d'affliction et d'amertume. Il n'y a rien de plus heureux que de passer sa vie auprès d'une personne, avec laquelle on ne fait plus qu'un cœur et qu'une ame; mais quel supplice que celui d'avoir sans cesse devant ses yeux quelqu'un à qui l'on déplaît et que l'on ne peut souffrir ! Séparation de biens, séparation de société, divorce même : trop fâcheuses ressources, combien il en résulte de chagrins! Qu'on en respecte ou qu'on en brise les liens, un mariage mal assorti étend jusqu'au tombeau sa désastreuse influence, et l'on ne cesse de maudire le jour funeste où l'on eut le malheur de le contracter. Pour vous soustraire à ce malheur, n'en croyez pas un mouvement irréfléchi, parce qu'il n'arrive que trop souvent que l'indifférence, la haine même, succèdent à je ne sais quel ardent amour, et que deux époux éprouvent d'autant plus le désir de se séparer, qu'ils avoient mis plus d'empressement à former leur alliance. Il ne faut pas non plus trop écouter une prévention qui rendroit injuste; on doit se méfier de sa répugnance, peut-être autant que de son penchant. Il n'en est pas moins vrai que ce qu'on appelle inclination ou attachement, aveugle souvent au lieu d'éclairer, et qu'un des premiers devoirs des jeunes personnes est d'en éviter les dangereuses atteintes.

Le désir de la fortune entreroit-il dans votre ame, et seroit-ce lui qui vous détermineroit à épouser l'homme riche qui vous est proposé? Craignez qu'un pareil motif ne soit pas assez pur pour justifier le choix que vous faites, et qu'il ne mette obstacle aux bénédictions divines dont vous avez besoin dans l'état que vous allez embrasser. Un sage disoit: Voyez-vous une femme refusant un homme méprisable, s'il a de grands biens? Non; elle aime bien mieux entendre dire qu'elle est l'épouse d'un homme opulent, que d'un homme vertueux; on n'estime que les richesses. On demandoit à Thémistocle lequel il aimeroit mieux pour son gendre, d'un honnête homme sans bien, ou d'un homme riche, mais d'une réputation moins pure. « J'aime mieux, répondit-il, un homme sans argent, que de l'argent sans homme ». En effet, les unions heureuses ne se trouvent guère au milieu des vastes possessions. Les embarras, les jouissances même que procure la richesse, divisent les cœurs au lieu de les unir. Si l'aisance est toujours nécessaire à la tranquillité des familles, l'opulence ne fait souvent qu'en altérer les mœurs. Le mari qui donna jusqu'aux superfluités du luxe à son épouse ne tarde pas à lui faire sentir que c'est de lui qu'elle les tient. L'amour de l'argent est trop vil, pour que les liens que lui seul a formés soient honorables. Repoussez la main qui, pour mériter la vôtre, ne vous présente que de l'or.

Ce n'est ni l'amour ni la richesse qui détermineroient votre choix, mais ce désir de la liberté que vous croyez exister dans le mariage. Ah! quelle seroit votre erreur! il ne faut pas se le dissimuler, en prenant un mari, vous vous donnerez un maître; c'est toujours cette qualité impérieuse qu'on déguise sous mille noms différens. L'autorité de l'époux a d'autant plus d'étendue et de poids, qu'il la tient à la fois des lois et de la nature. Incommunicable par son essence, inhérente à la personne qui la possède, tous les efforts que vous feriez pour la détruire seroient vains, et vous n'en jouiriez pas même après l'avoir usurpée. Je sais que le vrai moyen de conserver cette autorité est, d'un côté, de la mériter, et, de l'autre, d'en être peu jaloux; que plus on la montre, plus on la rend odieuse; qu'il faut qu'elle plaise, afin qu'elle dure; que c'est une marque de foiblesse que de répéter souvent qu'on est le maître; qu'un homme digne de l'être attire la soumission et la confiance, sans les exiger jamais; qu'il veut que la raison et la justice régnent, au lieu de lui, dans sa maison; qu'il conduit les autres par la lumière qui le conduit lui-même; et qu'il est rare qu'il soit obligé d'y joindre une puissance extérieure, à moins qu'il ne s'agisse de choses importantes dont la décision lui est justement réservée. Mais ce qui est aussi certain, c'est que l'époux a la principale autorité, qu'il est le chef, et qu'il ne peut se dégrader sans ignominie. Ajoutez à cette nécessaire dépendance le cercle étroit où vous attacheront les devoirs maternels, les soins domestiques, et tout ce qu'exige des femmes un état qui n'offre des douceurs qu'à celles qui en remplissent les devoirs. N'en doutez pas, jeunes élèves, la liberté que vous vous promettiez dans un tel lien, n'est qu'une chimère; et c'est s'exposer à une cruelle méprise, que de s'y figurer un moindre assujettissement.

II. Mais il ne suffit pas qu'avant de souscrire à son établissement, une jeune personne prenne ces sages précautions qui y font éviter les méprises; il faut de plus qu'elle forme ces résolutions courageuses qui en font remplir les devoirs.

Devoirs d'amour. Vous pensez bien qu'il ne s'agit pas ici de cette espèce d'amour, qui est plutôt une sensation qu'un sentiment, une fureur qu'un plaisir; qui enfante les soupçons, la jalousie, la haine, la cruauté; qui, plein d'égoïsme et d'injustice, tourmente le malheureux objet qu'il asservit à sa puissance : un pareil délire n'est propre qu'à semer le trouble, l'inquiétude et le désordre dans la société des époux. Je parle d'un amour sensible, délicat, compatissant, durable, le seul qui sache apprécier les hommes, les rendre supportables, et les faire chérir tels qu'ils sont ; d'un amour raisonnable et réfléchi, fondé sur la connoissance de nos obligations, et la disposition habituelle et permanente où l'on doit être de les remplir ; de cet amour vraiment conjugal, qui fait dire à l'épouse : J'aime le mari que le ciel m'a donné, non à cause de ses agrémens, il n'y auroit rien là de solide ; mais parce que je lui ai donné mon cœur en lui donnant ma main ; parce qu'il est le père des enfans qui sont l'image vivante de notre union, le gage de notre mutuelle tendresse, le doux espoir de nos vieux ans; parce qu'à la face des autels je lui promis cet attachement qui naît de l'estime, et se fortifie par la confiance. Heureux, et solidement heureux les époux que le devoir et l'honnêteté lient! Tendres amis, sans brûler de ce feu dévorant qui consume l'ame, ils s'aiment d'un sentiment pur et doux qui la nourrit, que la sagesse autorise, et que la raison dirige.

Supposez une femme dans ces sentimens, et vous la verrez apporter la plus grande attention à rendre l'asyle domestique tellement agréable à son mari, qu'il ne soit pas même tenté de chercher ailleurs le délassement qui lui est nécessaire. Au milieu des travaux qui l'occupent, ses plus grands plaisirs seront ceux qu'elle pourra lui procurer dans le sein de l'innocence, de l'amitié, de la paix; et, bien différente de ces épouses dont la mauvaise humeur repousse ou blesse tout ce qui les environne, elle voudra que son mari ne trouve rien dans le monde d'aussi intéressant que sa maison.

Devoirs de fidélité. Ce n'est pas seulement l'intérêt des époux, dit un auteur, c'est la cause commune de tous les hommes, que la pureté du mariage ne soit point altérée. Chaque fois que deux époux s'unissent par un nœud solemnel, il intervient un engagement tacite de tout le genre humain, de respecter ce lien sacré, d'honorer en eux l'union conjugale; et c'est une raison très-forte contre les mariages clandestins, qui, n'offrant nul signe de cette union, exposent les cœurs innocens à brûler d'une flamme adultère. Ainsi, manquer au serment solemnel qu'elle a fait, lors même que son époux l'a déjà trahi, est un délit grave dans une femme; que seroit-ce si, tandis qu'il se conduit à cet égard d'une manière irréprochable, elle avoit elle-même quelque chose à se reprocher! La dissipation, les fêtes, les plaisirs qui l'entraînent dans le précipice ont beau lui en cacher les horreurs, arrive un moment où ses crimes la livrent à toutes les humiliations, et ne lui laissent que des remords qui l'accablent. Son mari, elle se l'est aliéné; ses enfans, ils sont ses accusateurs; ses amies, elles ont cessé de la voir; ses parens, ils en rougissent; le public, il l'a vouée au mépris. Non, il n'est rien de plus affreux que les années qui suivent les scandales d'une épouse infidèle, si ce n'est tout ce qu'elle eut à souffrir au milieu de ses égaremens; et se fût-elle conduite avec cette hypocrisie qui parvient à cacher des vices honteux, rien ne la sauveroit de ces regrets cuisans qui déchirent une ame créée pour l'innocence. Il y a, dit Plutarque, des maris assez injustes pour exiger de leurs femmes une fidélité qu'ils violent eux-mêmes;

ils ressemblent à ces généraux d'armée qui, fuyant lâchement devant l'ennemi, veulent pourtant que leurs soldats soutiennent ses efforts avec courage. Sans doute, une telle disposition est injuste; mais est-il rien de plus noble et de plus généreux qu'une jeune beauté, dont les déréglemens de son mari ne peuvent altérer la vertu; qui, laissant au vice l'art qui lui convient, ne leur oppose que la modestie, la fidélité, le soin de sa famille, sa tendresse pour ses enfans, ses égards pour les amis de son époux; et sans plainte, sans murmure, sans ressentiment, se montre toujours prête à pardonner au coupable? Une femme qui, par des infidélités méditées, croit se venger des outrages qu'elle reçut de celui à qui elle a voué une inviolable tendresse, ne fait qu'ajouter à ses propres malheurs, et perd jusqu'à la considération d'un monde qui, tout corrompu qu'il est, veut que la fidélité ne se démente pas même au milieu des épreuves. Au reste, les femmes qui bornent leurs devoirs à la chasteté, et qui, fières de ce trésor, croient qu'il leur donne le droit d'être vaines, prudes, acariâtres, s'abusent étrangement; car, s'il falloit en croire la plupart des maris, elles finiroient par leur rendre cette vertu même odieuse.

Devoirs d'état. La constitution délicate de la femme, parfaitement appropriée à sa destination principale, la borne aux travaux domestiques, aux goûts sédentaires, et ne lui permet de trouver un véritable bonheur, de répandre autour d'elle tout celui dont elle peut devenir la dispensatrice, que dans les paisibles emplois d'une vie retirée. C'est là que son époux l'honore autant qu'il la chérit, que ses enfans ont pour elle la soumission la plus tendre, qu'elle maintient la paix parmi ses proches et ses voisins, que le jeune homme vient lui demander une compagne qui lui ressemble, et qu'elle verse les avis salutaires avec les aumônes et les consolations. Combien elle seroit donc ennemie de sa gloire et de son repos, si elle sortoit du cercle des habitudes domestiques, pour se transporter au milieu des hommes, et s'exposer au péril d'une vie absolument étrangère à sa destination! La femme la plus estimable, est celle dont le public s'occupe le moins. Qu'elle soit consultée, qu'elle agisse, qu'elle règne dans sa maison; mais qu'elle sache bien que par-tout ailleurs, elle est déplacée, et que la seule manière dont il lui est permis de se faire remarquer hors de son intérieur, c'est par un maintien qui rappelle la mère de famille, ou qui caractérise tout ce qui rend digne de la devenir.

Devoirs de pudeur. S'il est un attrait auquel le mari le plus frivole soit rarement inaccessible, et qui attache toujours davantage un époux raisonnable à sa femme, c'est la pudeur. Elle n'est point dans votre sexe l'effet d'une loi humaine, mais une des institutions les plus sages de la nature, qui veille sans cesse à la conservation de ses enfans. L'épouse qui consulte ses intérêts véritables, ne perd jamais de vue une aussi importante obligation. Elle sait que, sans une exactitude scrupuleuse à la remplir, il n'est aucun charme durable; elle n'est, à cet égard, jamais en défaut. Le voile de la modestie couvre sa personne et ses actions; sa maison est un sanctuaire dont ses exemples font respecter la sainteté; tout ce qui l'entoure sert en quelque sorte de ministre à son culte; rien de ce qui pourroit en souiller l'innocence n'y est souffert; et les ténèbres n'y cachent pas plus d'écarts, que le jour n'y éclaire d'inconvenances.

Devoirs de subordination. A Dieu ne plaise que nous entendions par ce mot

un

un esclavage qui emporte l'absolu renoncement à sa volonté, ni l'entière abnégation du domaine de sa personne! cette espèce d'asservissement, consacré chez les peuples soumis aux lois orientales, ne sera jamais connu parmi les nations éclairées des pures lumières de la raison. Mais, je l'ai déjà déclaré, la puissance, ou, si l'on veut, la prééminence d'un des sexes a sa source dans la nature; sous ce rapport, elle appartient incontestablement à l'époux; et c'est par les plus sages motifs que tous les peuples ont voulu que le mari fût réellement le chef de la famille. Cependant, lorsque la femme est ce qu'elle doit être dans sa maison, il est bon que l'homme soit conduit par elle; c'est encore la nature qui en fait une loi. L'empire de la douceur, de la bonté, de la foiblesse sera toujours le plus fort. Qu'aucune épouse n'envie au fils d'Alcmène son énorme massue, elle ne pourroit pas même la soulever. Qu'Hercule filant aux pieds d'Omphale lui paroisse toujours un ridicule qui ne lui permette pas d'en renouveler la risible image; mais qu'elle se serve de tous ses charmes pour régner sur le cœur de son époux: une telle puissance peut rencontrer des envieux, jamais des rebelles.

Devoirs de patience. Pour qu'une jeune personne soit heureuse dans le mariage, il ne lui suffit pas de remplir ses obligations; il faut encore que celui auquel elle est unie remplisse les siennes. Infidélité, caprices, humeur bizarre, défaut de sens, elle a épousé tout cela, si tout cela se trouve dans la personne qu'elle a épousée. D'ailleurs, ce qui n'existe pas dans un temps peut se rencontrer dans un autre. Les hommes, plus que les femmes, sont sujets à l'inconstance; il faut s'attendre à tout de leur part. Mais alors, quels moyens reste-t-il à une épouse pour vivre, sinon heureuse, du moins irréprochable, et ramener à la sagesse le mari qui se livre à l'égarement ? tous les moyens qu'une patience ingénieuse suggère, et qu'elle sait employer avec autant de zèle que de succès. Des réflexions déplacées, des manières brusques, des reproches hautains, des persifflages amers, des paroles outrageantes, ou même un silence affecté qui, annonçant le mépris, déplaît encore plus que tout le reste, au lieu d'adoucir, irriteroient : on se les interdit. A la place de ces petites vengeances de la vanité, une femme met tantôt la raison qui tolère, la bonté qui excuse, la prudence qui se tait ; tantôt la sagesse qui parle, la douceur qui persuade ; l'amitié qui entraîne ; et, loin de ressembler à ces épouses impérieuses, qui prennent le ton de maître en reprochant à leur mari ses défauts, à ces prudes éternelles qui moralisent à tout propos, et font autant de bruit pour de légères dissipations que pour une conduite licencieuse, à ces espèces de furies qui, avec le sourire de la vengeance, lancent des traits qui percent le cœur, elle évite du moins ces guerres domestiques, ces scènes scandaleuses, ces bruyantes dissensions qui empoisonnent tous les momens de la vie.

Devoirs de prudence. Il ne suffit pas qu'une femme, ainsi que celle de César, soit chaste : il faut que son époux en soit convaincu ; il ne suffit pas qu'elle l'aime, il faut qu'il soit persuadé qu'il en est aimé ; il ne suffit pas qu'elle soit indifférente envers tout autre homme, il faut qu'elle ne puisse point être soupçonnée d'un attachement coupable, car les apparences mêmes sont au nombre de ses devoirs. Voilà pourquoi la coquetterie est un manège si condamnable, et que les raisons qu'on allégué pour la justifier aux yeux de la sagesse, sont rejetées au tribunal de la vérité. Ce n'est pas qu'il n'y ait une espèce de coquetterie qui, loin de s'écarter de la loi du devoir, ne puisse au contraire quelquefois la rendre plus douce, et contribuer beaucoup aux agrémens de la vie, dans un pays où les femmes ne sont point séparées des hommes par la barrière que la jalousie musulmane met entr'eux. Libres d'y donner l'essor à leur goût naturel pour tout ce qui peut augmenter leurs attraits, dit un auteur, elles cultiveront avec fruit les arts agréables, sans être tentées d'en abuser; s'exerceront à tirer de la parure des ressources, qui sont peut-être encore plus nécessaires que frivoles; s'attacheront à acquérir des graces qui, pour se trouver quelquefois alliées avec le vice, n'en sont pas plus incompatibles avec la sagesse; et répandront une émulation de plaisir, qui donnera nécessairement à la société un aspect plus riant et plus varié. Mais, en général, un empire auquel une femme honnête ne doit point aspirer, voilà le but de la coquetterie; inspirer des sentimens criminels à des ames qui ne doivent pas en connoître l'atteinte, voilà son effet. N'y a-t-il pas de l'imprudence et de la légèreté à donner, soit à un public qu'on doit respecter, soit à un époux qu'on doit ménager, des soupçons fondés contre sa propre conduite? Une femme qui veut plaire à tout le monde, eût-elle le cœur pur, a l'esprit faux. Or, afin qu'un homme défiant, ombrageux, crédule, n'ait aucune raison de douter de l'attachement qui lui est dû, quelle attention n'est pas nécessaire à sa compagne! Combien elle doit prendre de précautions, observer de ménagemens, éviter de démarches, pour rendre inexcusable jusqu'au soupçon qui l'outrageroit! Et si, malgré la vie la plus irréprochable, elle avoit le malheur d'appercevoir des ombrages dans la pensée de son époux, qu'auroit-elle à faire, si ce n'est de redoubler de prudence, afin de détruire une prévention d'autant plus à craindre, que l'homme qui l'a conçue n'a souvent pas la force de la dissiper? Un mari peut porter l'injustice jusqu'à accuser sa femme, lorsqu'elle est d'une pureté sans tache devant Dieu; mais, à moins que, contente du témoignage de sa conscience, elle dédaigne avec fierté le soin de sa justification, il finira par abjurer l'erreur qui le préoccupe; la vérité doit cet hommage à la vertu.

Devoirs de sagesse. Des jouissances paisibles, un réciproque amour, une mutuelle confiance, tel doit être le partage des époux, dont la félicité est fondée sur l'intérêt respectif qu'a chaque conjoint de ne rien faire qui puisse déplaire à l'autre, ni blesser le droit commun. Comme on a supposé, en se mariant, des rapports parfaits dans les caractères, les premières différences qui s'y remarquent altèrent la sécurité, et font donner à celui qui les a apperçues une attention pénible à en découvrir de nouvelles. Alors, on fait beaucoup de chemin dans le pays où s'évanouissent les illusions, et l'on acquiert des connoissances d'autant plus dangereuses, que le premier pas vers les découvertes fut aussi le premier vers le repentir. Que veut la sagesse dans de pareilles circonstances? Elle veut qu'une femme repousse promptement l'idée du soupçon, soit qu'elle naisse de son propre fonds, soit qu'elle lui soit inspirée par un autre; parce que le moindre séjour volontaire du soupçon sert à l'établir dans l'esprit, et que la peine la plus ordinaire d'une telle négligence est la longue persécution qu'elle excite. Elle veut que, lorsqu'une lumière réelle lui montre ou des changemens, ou des négligences, ou des défauts dans son époux, elle songe qu'elle n'en est pas exempte elle-même, et qu'il n'y a dans le monde aucune société si pure, qu'elle exclue absolument toute imperfection. Elle veut enfin que, non seulement à des yeux étrangers, mais à ceux de son mari, son amour étende tellement un voile officieux sur les foiblesses qu'elle apperçoit en lui, qu'il ne puisse croire qu'elle les a apperçues.

Devoirs d'économie. Se montrer partout le protecteur, l'appui, l'ami de sa compagne, lui procurer tout le bien-être que lui permet la situation de ses affaires, donner les soins nécessaires aux enfans dont le ciel a béni son mariage, voilà l'emploi de l'époux. C'est lui que regarde l'administration des richesses héréditaires, et l'acquisition de nouveaux domaines, quand il se présente des moyens honnêtes d'en acquérir : tout l'extérieur, en un mot, est de son ressort. L'intérieur du ménage est spécialement confié à la femme; à elle appartient le devoir honorable d'économiser la fortune de la communauté par une sage dispensation. L'un apporte à la masse, l'autre distribue; l'un fournit les moyens, l'autre les emploie. Comme l'art d'acquérir et celui de conserver sont deux moyens qui, pris séparément, peuvent chacun rendre une famille opulente, et qu'il ne faut pas moins d'intelligence pour conserver que pour acquérir; comme cette importante administration exige d'une femme qu'elle descende dans les plus petits détails de son domestique; qu'elle sache qu'une chose inutile est toujours trop chère; et, qu'en évitant toute espèce d'avarice, elle se garde de la moindre dissipation; malheur à elle si, par une aveugle confiance en des valets, par un luxe qui épuiseroit des trésors, par un jeu qui ruine tant d'insensés, par une prodigalité que condamnent ceux-mêmes qui en profitent, elle laissoit dépérir entre ses mains coupables les biens dont la Providence lui a confié la conservation! « Les femmes, dit Montagne, ne doivent jamais oublier que la plus utile et la plus honorable science à une mère de famille, c'est la science du ménage; j'en vois quelques unes avares, de ménagères fort peu. » Hélas! notre siècle est-il à cet égard plus heureux que celui de ce philosophe? En vain, pour excuser les dépenses, prétexteroit-on des modes; une femme qui ne veut plaire qu'à son époux, trouve sa parure dans sa vertu et non sur sa toilette. Elle ne cherche point à réunir, à captiver les suffrages offensans des étrangers. L'attrait de sa sagesse et de sa modestie lui prête bien plus de charmes que l'or et les émeraudes: son fard est la rougeur aimable de la pudeur. Ses soins économiques, son attention de plaire à son mari, sa douceur, sa complaisance, sont les parures qui relèvent sa beauté. Jamais l'art et toutes ses frivolités ne lui en fourniroient d'aussi touchantes.

Ainsi, une femme doit avoir un grand éloignement de tout ce qui est superflu dans les habits et les ameublemens; se réduire avec joie à ce qui est exactement nécessaire; se féliciter d'avoir peu de besoins; se comparer avec celles qui ont moins de bien et plus de sagesse; étendre ses vues dans l'avenir, au lieu de les borner au moment présent; prévoir qu'elle aura un jour une famille dont les dépenses augmenteront; profiter des années où elles seront moindres, pour être en état de les soutenir quand elles seront nécessaires; s'interdire le désir de tout ce qu'elle ne doit pas acquérir; avoir pour règle de n'acheter rien qui ne soit payé dans le moment; et s'applaudir quand elle a résisté à la tentation de faire quelques nouvelles dépenses.

Devoirs d'amabilité. Le mariage est une association qui doit durer autant que la vie; il n'est parconséquent aucune condition dans l'état civil qui exige plus de circonspection, plus de ménagemens, plus d'égards, plus de soins réciproques de la part de ceux qui ont osé l'embrasser. Cependant, par une contradiction dont on n'a point d'exemple dans les autres liaisons, personne ne craint moins de se choquer, de se contrarier, de se donner de mutuels dégoûts ; personne qui s'observe moins qu'eux dans une situation où il est si nécessaire d'éviter ce qui blesse; le mariage seroit-il donc encore, parmi nous, une institution trop nouvelle, ou ce lien si respectable auroit-il atteint la caducité? Quel doit être le dessein d'une jeune personne qui s'établit ? d'inspirer à son époux un véritable attachement, de l'augmenter par tout ce qu'une conduite pleine de procédés peut exciter de reconnoissance, de devenir, en un mot, l'objet unique des tendres hommages de son cœur. Eh bien! cette jeune personne est à peine mariée, qu'elle dédaigne tous les moyens de parvenir à ce but : comme si ses droits sur l'attachement de son mari se trouvoient parfaitement assurés, comme si nulle autre ne pouvoit la supplanter quand elle se néglige, elle ne se met presque plus en peine de plaire à celui auquel il lui importe si fort de plaire toujours; elle ne songe pas même à réformer son humeur, ses manières, ses inégalités; à étudier ce qui rend la société aimable, et ce qui la fait dégénérer en dégoût; à empêcher qu'une liaison dont on est toute la ressource, ne tombe dans la langueur et peut-être dans quelque chose de plus funeste. Quel aveuglement ! Il ne suffit pas à une femme d'être modeste, modérée, économe, et d'une constante fidélité ; ces excellentes qualités peuvent bien lui mériter l'estime de son époux, elles ne lui concilient pas toujours sa tendresse : pour obtenir d'en être aimée, elle doit lui paroître aimable, et pour qu'elle lui paroisse aimable, il faut qu'elle montre en elle les qualités qui font aimer. Combien de femmes qui, après avoir inspiré l'amour le plus vif, n'ont pu vivre six mois dans la société intime des époux sans le voir s'éteindre, quoiqu'elles n'eussent d'autres défauts que cette insouciance qui néglige les moyens de l'entretenir !

Dans le 16.e siècle, *Diane de Châteaumorand* fut épousée par un aîné de la maison d'*Urfé*. Elle avoit tous les avantages qui pouvoient faire rechercher une demoiselle, la richesse et la naissance, et elle étoit jeune et sage. Cependant son époux, excédé par les dégoûts que l'étrange *mal-propreté* de sa femme lui causoit, préféra le célibat à ses liens. Il chercha des prétextes, fit dissoudre son mariage, puis il embrassa l'état ecclésiastique. L'ingénieux auteur de l'*Astrée*, Honoré d'*Urfé*, son frère, aimoit Diane depuis long-temps; il s'adressa à la cour de Rome, en obtint une dispense, et épousa sa belle-sœur. Mais vaincu à son tour par les mêmes répugnances, et n'ayant pu obtenir de son épouse qu'elle eût un peu plus de soin de sa personne, il fut contraint de s'en séparer. Ainsi, l'amour et l'intérêt, les deux plus puissans mobiles des actions humaines, ne purent l'emporter dans l'esprit des deux frères sur des dégoûts qu'une attention légère auroit prévenus.

Ce que cet exemple prouve relativement à la propreté, mille autres l'attestent sur les prévenances, la politesse, les attentions, le zèle, et tout ce qu'un juste désir de plaire dicte à l'épouse qui attache un grand prix à la tendresse de son mari. Précisément parce qu'ils sont unis des liens les plus étroits, parce qu'ils se voient chaque jour et à tout moment, parce que la liberté la plus entière règne entr'eux, la femme doit se montrer, s'il est possible, toujours plus aimable; ce n'est qu'à cette condition, je le répète, qu'elle peut parvenir à se faire toujours aimer. En vain, pour obtenir la continuité d'un sentiment aussi variable, elle compteroit sur sa beauté. La femme la plus belle devient en peu de temps une femme ordinaire aux yeux de l'époux dont elle étoit l'idole; rien de plus rare que de voir réussir les mariages qui n'auroient que la beauté pour motif: d'ailleurs il y a si peu de temps à être belle, tant à ne l'être plus! La beauté, dit Socrate, est une tyrannie de courte durée. Des mœurs pures, un esprit juste et fin, un cœur droit et sensible, sont des beautés toujours renaissantes, dit madame de Lambert; et le charme d'une femme qui sait employer ces heureux dons est à l'abri des ans, des malheurs, et de l'inconstance.

Devoirs de maternité. Dès qu'un enfant respire dans le sein de sa mère, l'existence de celle-ci devient encore plus précieuse; tous les sentimens qu'elle mérite redoublent d'intensité. Volontairement chargée d'un dépôt sur lequel la société n'a pas moins de droit que la nature, tout ce qui tend à l'altérer, sur-tout à le détruire, est un crime dont le nom seul fait horreur. Mais ce n'est pas à la conservation de cet enfant, lorsqu'il est dans son sein, que se bornent les devoirs d'une mère; elle n'a vraiment droit à ce titre vénérable qu'en y joignant les soins maternels, lorsqu'il est né. C'eût été trop accorder au seul bienfait de la naissance, que de lui attacher la vive reconnoissance des enfans. Cette reconnoissance n'est due qu'à l'allaitement, à la vigilance, aux bontés que le tendre amour prodigue à ces intéressantes créatures, toutes les fois que des obstacles invincibles ne s'y opposent point. Cependant quel lait que celui qu'une femme donneroit à son enfant

au milieu d'un monde où les amusemens entraînent tant de dissipation ?
Toute la sagesse, toutes les privations,
tous les soins que l'état de nourrice
exige sont pour elle de la plus indispensable nécessité; et si celle qui, sans
motif légitime, abandonne son fils à une
mercenaire, se couvre du mépris que
mérite l'insensibilité, celle qui livre ce
fils à une nourriture altérée par une vie
de plaisirs, excite l'indignation due à une
ame dénaturée. Viennent ensuite l'instruction, l'éducation, sur-tout les bons
exemples qu'une mère doit à ses enfans;
les regardant comme de jeunes plantes
destinées à remplir un jour dans la
société la place que la Providence leur
a marquée, elle leur inspire cet amour
de la vertu, sans lequel on ne s'acquitte
bien d'aucun devoir; prévoyant les dangers où leur innocence sera exposée
lorsqu'elle ne sera plus, ou lorsqu'il ne
lui sera plus possible de les retenir sous

ses ailes, elle s'efforce de graver dans leurs ames encore pures des principes capables de résister à toutes les séductions. Ses enfans sont sa parure, ses ornemens, ses plaisirs, ses trésors, sa vie, son univers; rien de ce qui peut contribuer à leur bonheur n'est oublié; pleinement satisfaite quand, par des sacrifices qu'un cœur maternel peut seul imaginer, elle parvient au but que se proposa toujours sa tendresse.

Voilà quelles résolutions vous devez former, quelles précautions vous devrez prendre, jeunes élèves, lorsque vous toucherez au moment de voir fixer votre sort. Sans doute, pour le temps qui suivra l'établissement auquel vous êtes destinées, nous aurions des conseils plus particuliers encore à vous donner; ils seront consignés dans le cours de morale que nous offrirons aux jeunes femmes, si celui que nous vous consacrons a quelque succès. En attendant, écoutez les sages leçons qu'un respectable vieillard vient d'adresser aux demoiselles de votre âge; elles termineront utilement ce discours. « Jeunes filles, dit-il, la nature vous a destinées à augmenter le bonheur d'un homme de bien; craignez le choix que vous allez faire; consultez vos parens, les amis de vos parens, votre raison; observez, examinez, et mariez-vous. Prenez pour époux un homme raisonnable et occupé, ami de l'ordre et sensible; ne négligez ni votre beauté, ni vos vêtemens; mais pour plaire à votre époux, comptez moins sur vos charmes et sur votre parure, que sur l'égalité de votre humeur. Le goût des occupations domestiques, la douceur inaltérable, cette éloquence insinuante que donne un cœur tendre, la modération et la candeur : voilà les moyens de fixer le cœur d'un époux. La douceur est la plus forte de vos armes; n'aspirez point à l'empire, obtenez le crédit. Ne vous livrez point aux amusemens frivoles; la femme qui en sent le besoin n'aime point assez ce qu'elle doit aimer. Rien ne peut vous dispenser d'être chastes, mais que votre douceur atteste que la vertu ne vous a point coûté. Si votre époux est infidèle, ramenez-le par votre tendresse et vos graces; songez qu'il y a de la raison et de la grandeur d'ame à pardonner à ceux qu'on doit aimer. La jeunesse n'est qu'un moment, et les erreurs de ce moment répandent souvent le chagrin sur le long cours de la vie des femmes. Il y a un lieu sur la terre où les joies pures sont inconnues, d'où la politesse est exilée et fait place à l'égoïsme, à la contradiction, aux injures à demi-voilées; le remords et l'inquiétude, furies infatigables, y tourmentent les habitans; ce lieu est la maison de deux époux qui ne peuvent ni s'estimer, ni s'aimer. Il y a un lieu sur la terre où le vice ne s'introduit pas, où les passions tristes n'ont jamais d'empire, où le plaisir et l'innocence habitent toujours ensemble, où les soins sont chers, où les travaux sont doux, où les peines s'oublient dans les entretiens de la tendresse, où l'on jouit du passé, du présent, de l'avenir; et c'est la maison de deux époux qui s'aiment. » Ah! jeunes élèves, que ce lieu si difficile à trouver au milieu des mœurs du jour, mais qui existe, graces aux familles vertueuses, soit celui où la Providence daigne vous placer! Je le lui demande pour vous avec un zèle d'autant plus sincère, qu'il est fondé sur l'intérêt que vous m'inspirez; heureux si, plein du souvenir des dispositions que vous apportâtes à mes discours, j'apprends que le ciel a béni le sentiment qui fit monter vers lui ma prière!

DISCOURS

SUR LES DANGERS QUE LES JEUNES PERSONNES COURENT DANS LE MONDE.

Tout est danger pour elles dans le monde.
MASSILLON.

JEUNES élèves, vous touchez au moment où vous paroîtrez dans le monde pour y attendre que la Providence dispose de votre sort; et si vous avez profité des instructions que nous vous avons données depuis votre enfance, nous espérons que vous vous y conduirez d'une manière qui fasse la consolation de votre famille, et contribue à la félicité de vos jours. Cependant, vous avons-nous assez fait connoître ce monde dans lequel vous allez entrer? A la veille de jouir des plaisirs qu'il réunit, êtes-vous préparées aux dangers qu'il cache? A une époque aussi décisive, n'avez-vous pas besoin qu'on vous marque

marque d'une manière précise les écueils où votre innocence peut échouer? Personne plus que nous ne compte pour vous sur la tendresse de ceux à qui vous devez la vie; ils vous suivront d'un œil infatigable sur la mer orageuse où tant de filles imprudentes périssent journellement. Mais pour que leurs soins vous préservent d'un naufrage trop peu redouté, il est nécessaire que vous y répondiez par des dispositions que vous ignorez encore; et ce sont ces dispositions qu'il faut vous recommander.

Nous ne vous dirons point ici, d'après les moralistes, que le monde est une servitude éternelle, où, pour être heureux, il faut pouvoir baiser ses chaînes et aimer sa captivité; une terre de malédiction où les plaisirs portent avec eux leurs épines et leur amertume; un lieu où l'espérance même rend tous les hommes misérables, et où ceux qui n'espèrent rien se croient encore plus malheureux. Ces maximes, qui sont très-vraies, feroient aujourd'hui sur vous peu d'impression. Nous voulons vous apprendre à vous bien conduire dans la société au lieu de la fuir, car vous êtes destinées à y vivre ; or, comment parviendrons-nous à un but aussi utile ? en vous prouvant que vous trouverez les plus grands dangers dans le monde, et que vous ne pourrez éviter ces dangers que par la plus grande confiance en vos parens.

Jeunes élèves, c'est ici la dernière leçon du Cours de Morale que notre zèle pour vous nous fit entreprendre dans cette maison; écoutez-la comme les adieux d'un père à des enfans qui vont se mettre en route pour un périlleux voyage ; et souvenez-vous que de votre fidélité, ou de votre négligence à suivre les conseils de ce tendre père, dépendra votre malheur ou votre félicité.

« C'est après avoir passé les trois-quarts du jour devant un miroir et devant un clavecin, dit un Auteur, que Chloé entre avec sa mère dans le labyrinthe du monde. Là, son esprit errant s'égare dans mille détours, dont on ne peut sortir qu'avec le fil de l'expérience; là, toujours droite et silencieuse, sans aucune connoissance de ce qui est digne d'estime ou de mépris, elle ne sait que penser; elle craint de sentir; elle n'ose ni voir ni entendre; ou plutôt, observant tout avec autant de curiosité que d'ignorance, elle voit souvent plus qu'il n'y en a, entend plus qu'on ne dit, rougit indécemment, sourit à contre-sens, et sûre d'être également reprise de ce qu'elle a paru savoir et de ce qu'elle ignore, attend avec impatience, dans la crainte et dans l'ennui, qu'un changement de nom la mène à l'indépendance ».

Toutes ces réflexions sont-elles également justes ? Vous ne le pensez point. Quoi qu'il en soit, qu'allez-vous trouver dans ce monde que votre imagination vous a sans doute déjà présenté comme un séjour de délices, et dont vous brûlez depuis long-temps, peut-être de goûter les plaisirs ? Des sociétés où l'on se livre uniquement à la conversation ; des cercles formés par l'amour du jeu ; des assemblées ennuyées par des concerts ; des fêtes qu'on égaie avec des bals ; des livres dont la lecture est une fureur ; des devins qu'il est presque du bon ton d'aller consulter ; des jardins au milieu desquels chacun va se donner en spectacle ; des théâtres qui attirent toutes les classes de citoyens ; des femmes avec lesquelles il est difficile de ne pas former des liaisons ; enfin des jeunes gens qui vous rechercheront avec des intentions plus ou moins coupables. Entraînées par le penchant à la curiosité, le goût de l'amusement, et le désir de plaire, que de périls vous allez courir dans les lieux que je viens de décrire! et que vous seriez tôt ou tard malheureuses si vous n'y portiez pas cette prudence qui évite non seulement les chutes, mais les faux pas!

I. La première chose que fait une mère qui veut produire sa fille dans le monde, est de la conduire dans ces sociétés où se réunissent des hommes et des femmes, mutuellement attirés par le besoin de se voir, de se connoître, et de s'entretenir. Quand on y voit arriver cette jeune personne, qu'attend-on d'elle, sur-tout si elle tient à des parens dont la réputation soit aussi pure que les mœurs? On veut qu'elle écoute avec attention les discours sages, et qu'elle n'ait point l'air d'entendre ceux qui ne le seroient pas; qu'elle ne parle que lorsqu'elle est interrogée, et qu'elle réponde avec cette modestie qui cache jusqu'à l'envie de réussir ; qu'elle n'ait aucun entretien secret avec des personnes d'un autre sexe, et que ceux même qu'elle se permet avec ses compagnes ne présentent rien qui puisse en faire soupçonner l'honnêteté ; que si elle a de la gaîté, cette gaîté ne passe jamais les bornes de la décence ; que, dans le cas où son éducation lui auroit donné des connoissances que la plupart des demoisèlles n'ont pas, elle se garde bien d'en faire jamais aucun étalage ; en un mot que sa pudeur, son maintien, sa circonspection, tout prouve en elle cette innocence virginale qui est le plus ravissant apanage d'une jeune personne.

Mais dans le monde tel qu'il est aujourd'hui, qu'il est difficile de conserver cette prudence sans laquelle ou l'on se donne bien des ridicules, ou l'on s'expose à bien des égaremens ! Y entendit-on jamais des conversations aussi

libres ? Vit-on jamais les jeunes gens s'y
conduire d'une manière aussi leste? et
ce sexe pour qui le devoir de paroître
sage est presqu'aussi rigoureux que celui de l'être, y montra-t-il jamais autant
d'impudeur ? Quiconque, ayant fré-
quenté la bonne compagnie du dernier
siècle, peut la comparer à ce qu'on
appelle la bonne compagnie du moment actuel, vous dira qu'à cet égard
nous sommes bien dégénérés ; et que
si les sociétés étoient jadis fatales aux
vertus, elles ne respectent maintenant
pas même les bienséances. Jusque dans
ces repas où des manières moins circons-
pectes semblent être permises, les personnes bien élevées s'apperçoivent que
la décence est regardée comme un antique abus. Des mets plus piquans, des
vins plus nombreux, des liqueurs plus
fortes, y exaltent tellement les esprits,
qu'il n'est presque plus de gaîtés qui
effarouchent les femmes ; et qu'elles y
ont perdu tout-à-fait ce ton de réserve

qui, auprès des hommes, quels qu'ils puissent être, sera toujours un de leurs plus aimables attraits.

II. Parmi les moyens inventés pour adoucir le poids d'une vie livrée à l'ennui et à l'inutilité, dit l'estimable Auteur du Système physique et moral de la femme, il en est un qui, comme un fléau contagieux, désole la société, et n'est pas moins funeste aux mœurs qu'à la santé; parce qu'il produit le double effet de la paresse et d'une passion vive. L'avarice qui en est l'ame, pour mieux se déguiser, lui a donné le nom d'amusement et de jeu. Qu'on se représente un cercle de personnes élevées sur des siéges autour d'une table, et dans une atmosphère usée et corrompue, dont le corps est immobile, tandis que leur esprit est d'une agitation extrême; alternativement ballotées par l'espoir et la crainte, seulement occupées du soin de captiver les faveurs de l'aveugle dieu auquel elles sacrifient; qui, se laissant en traîner au gré de la passion, oublient, et les devoirs qui les appellent et les heures qui s'écoulent, et ne sortent enfin de ce violent accès que pour se plonger dans des chagrins plus réfléchis; et l'on aura une idée de ce qu'on appelle jeu.

De tous les temps cette vile passion rassembla les deux sexes; mais ce qu'on ne vit presque jamais, c'est l'étrange coutume où sont aujourd'hui la plupart des jeunes personnes de s'établir autour d'un tapis vert, et d'y exposer des sommes dont elles devroient faire un emploi utile. Les jeux de commerce sont trop bornés pour quelques unes d'entr'elles, il faut à leur avidité des jeux de hasard; les heures du jour sont trop rapides, elles veulent s'en dédommager pendant les heures de la nuit. Que résulte-t-il de ces abus? rien qui ne doive alarmer celles qui s'y livrent; rien qui ne puisse les conduire à de plus scandleux excès. Quand elle aura le sentiment de sa dignité, une fille craindra de l'exposer aux caprices de la fortune; quel homme prudent voudroit pour épouse celle qui, jeune encore, connoîtroit la passion du jeu?

III. Un des amusemens les moins dangereux, c'est sans doute celui que l'on trouve à ces concerts publics ou particuliers que donnent les amateurs d'un art aussi recommandable par ses effets que par son origine; mais, dans ces réunions-là même, quelque décentes qu'elles puissent être, une demoiselle n'a-t-elle point de dangers à courir? Que de chants y amollissent l'ame et y excitent les passions! Que de paroles y apprennent aux cœurs innocens des choses qu'ils devroient ignorer toute leur vie! Comme, par la manière dont elle exprime ce que le compositeur paroît avoir eu dans l'idée, une jeune cantatrice compromet sa réputation! Toujours disposés en faveur de la beauté, de la jeunesse et des graces, les auditeurs l'applaudissent avec une espèce d'enthousiasme, pour peu qu'elle montre de talent. Consultez-les en secret après ces premiers transports; ils vous diront que telle qui a fait entendre de si doux accens, a décelé des sentimens trop précoces; et que, s'ils avoient des filles de cet âge, ils leur voudroient plus de modestie et moins d'instruction.

IV. Il n'est aujourd'hui presque pas de concert qui ne soit suivi d'un bal; et souvent le bal seul attire la foule des jeunes gens de toute une ville; tant la danse, regardée dans l'Orient comme un art réservé aux esclaves, a fait de prosélytes, depuis que la France a reconquis la tranquillité! Entrons un moment dans cette salle si magnifiquement illuminée; qu'y voyez-vous? Ici, des jeunes filles brillantes de fraîcheur, de parure et d'éclat, mais mises comme les actrices le sont au théâtre, et, à la honte de leur mère, n'étant pas même couvertes du voile de la pudeur; elles attendent avec impatience que des jeunes gens, non moins étourdis qu'elles, viennent les inviter à danser; et c'est avec une jalousie mêlée de dépit, qu'elles s'apperçoivent que des rivales plus heureuses leur sont souvent préférées. Là, plusieurs cercles, au milieu desquels celles qui ont eu assez de précaution pour s'assurer des danseurs, disputent entr'elles de légèreté, de souplesse, de graces; et, comme sur ces planches où l'art développe les attitudes les plus voluptueuses, elles étonnent par les pas les plus indécens.

Quel est l'homme honnête, par exemple, qui ne soit pas révolté de ces walses, auxquelles on permet que les jeunes gens des deux sexes se livrent avec une entière liberté? Non, nous ne sommes point assez sévères pour interdire absolument aux demoiselles un exercice qui, pris avec sagesse, peut n'avoir aucun fâcheux résultat. Il est avantageux à la santé; les anciens en avoient fait une partie de leur gymnastique: il donne un certain degré d'aisance dans les manières; Locke pensoit qu'il étoit propre à inspirer aux jeunes gens de la confiance en eux-mêmes pour se présenter dans le monde sans gaucherie, et nous croyons avec lui qu'un bal décent, dans une maison, devant des personnes respectables, en favorisant les occasions de se connoître, peut fournir aux deux sexes des raisons de s'estimer. Mais en vous indiquant les avantages d'un amusement auquel on donne une si ridicule importance, notre attachement pour vous ne nous permettoit point de vous en laisser ignorer les dangers; et il faut que vous vous disiez bien que c'est à cet écueil qu'ont fait souvent naufrage des vertus qui paroissoient assez solides pour n'en avoir aucun à redouter.

V. Quelque répandue que l'on soit, on ne se montre pas tous les jours dans le monde, et l'on a besoin dans la retraite que la lecture vienne opposer une ressource à l'ennui. Si, dans ces momens, propres à s'instruire de tant de choses utiles, on ne lisoit que des ouvrages capables de produire ce bon effet! mais il est extrêmement rare que des jeunes personnes livrées à l'oisiveté, s'appliquent aux livres de ce genre; il leur faut des romans. Eh! dans quel temps ce goût frivole a-t-il été plus général? Quelle époque a vu se succéder avec tant de rapidité des productions monstrueuses? Parmi la foule de ces contes absurdes, y en a-t-il un seul qui le soit assez pour ne pas rencontrer de lecteurs? Le mal qu'ils ont fait et qu'ils font chaque jour aux mœurs publiques est affreux. On ne peut que frémir quand on pense que les défauts, les vices, les crimes mêmes, trouvent en eux des apologistes effrontés; et sans vouloir affirmer avec Rousseau que jamais fille chaste n'a lu de romans, nous osons assurer ici que toute fille qui lit sans choix des ouvrages pareils, sera bientôt dépravée.

VI. Il est de nos jours une folie bien plus étrange; c'est celle qui fait assiéger les portes de ces espèces de magiciens, de *ces tireurs de cartes*, de *ces diseurs de bonne aventure*, qui fondent sur la crédulité d'un sexe curieux l'espoir d'un gain coupable. Dites à nos jeunes femmes que les prétendus sorciers qu'elles vont consulter n'ont pas plus de connoissance de l'avenir qu'elles n'en peuvent avoir elles-mêmes, et qu'il y a des choses qu'on ne doit jamais chercher, parce qu'on ne les trouve point, et qu'on se perd soi-même en les cherchant; dupes volontaires d'une créature qui ne mérite que le mépris, elles n'en iront pas moins l'interroger sur la fortune qui les attend, ou le danger qui les menace; heureuses si la terreur que ses oracles leur impriment ne détermine pas, elle seule, le mal qui leur est prédit!

Une femme eut, l'année précédente, la foiblesse de se laisser entraîner dans un de ces galetas où, malgré la vigilance de la police, se rendent tant de curieux, d'où sortent tant de mensonges, et on lui annonça que, *si dans l'espace de vingt mois elle étoit attaquée d'une maladie, elle en mourroit.* Eugénie revient du bal avec la fièvre, mais cette fièvre n'a aucun caractère alarmant; n'importe, la malade est si frappée de la prophétie, qu'elle refuse comme inutiles tous les remèdes ordonnés par les médecins, et meurt à l'âge de vingt ans, victime d'une obstination déplorable. Que d'autres exemples nous pourrions citer à l'appui de ces vérités!

VII. Quittons des lieux dont on ne croiroit peut-être pas l'existence, si les plus insignes folies ne l'attestoient journellement, et transportons-nous un instant dans ces jardins où la nature et l'art semblent se disputer de parures. Ne vous enfoncez point sous l'ombrage de ces quinconces, vous n'y trouveriez que le silence, et l'on cherche la dissipation; n'allez pas vous montrer dans cette magnifique avenue, on vous prendroit pour des habitantes des hameaux lointains. Voyez-vous cette allée bien resserrée, et où l'on ne peut faire un pas sans se coudoyer, se presser, s'étouffer? c'est là qu'une mode impérieuse vous appelle, et où l'on vous attend vous-mêmes pour vous livrer au persifflage des railleurs. Ecoutez les plaisanteries que l'on fait sur les traits de celle-ci, sur la taille de celle-là, ce qu'on dit des prétentions de l'une, des intrigues de l'autre, on n'a pas pour vous plus d'égards; quand vous croyez charmer tous les yeux, vous provoquez tous les sarcasmes; et votre vanité se lasse bien inutilement à mendier des succès. Retournez après cela dans votre demeure, persuadée que votre ajustement et votre figure ont eu beaucoup d'approbateurs: ce qui peut vous arriver de plus heureux, c'est qu'on n'ait fait aucune attention à votre personne.

VIII. Les promenades ne sont pas ce que je recherche le plus, dit-on, je leur préfère le spectacle; c'est là que l'esprit, les yeux, le cœur sont agréablement satisfaits. « Je n'aime point, répond un auteur, qu'on ait besoin d'attacher incessamment son cœur sur la scène, comme s'il étoit mal à son aise au dedans de nous. La nature même a dicté la réponse de ce barbare à qui l'on vantoit les magnificences du cirque et des jeux établis à Rome. Les Romains, demanda ce bon-homme, n'ont-ils ni femmes ni enfans? Le barbare avoit raison. L'on croit s'assembler au spectacle, et c'est là que chacun s'isole; c'est-là qu'on va oublier ses amis, ses voisins, ses proches, pour s'intéresser à des fables, pour pleurer les malheurs des morts, ou rire aux dépens des vivans. »

Sans doute il n'y a point d'amusement plus séduisant que celui qu'offre le théâtre à une jeune personne qui a de la sensibilité ou de la gaîté; mais sur notre scène, tout épurée qu'on la dit, joue-t-on beaucoup de pièces qu'une fille puisse voir sans blesser sa délicatesse et exposer sa vertu? Les tragédies sont communément assez décentes; les impressions douloureuses qu'elles causent peuvent élever l'ame et adoucir le cœur. Il s'en faut beaucoup qu'on puisse en dire autant des comédies; et je n'ai pas besoin de prouver ici que les brillans ballets d'un théâtre où la volupté semble avoir établi son empire, ont plus d'un danger pour les yeux innocens. « Vous n'imaginez pas, dit un docteur anglais à ses filles, avec quelle attention les hommes vous observent dans ces occasions, et toutes les conjectures qu'ils forment sur votre manière d'assister au spectacle. Comme les femmes les plus déréglées sont souvent celles qu'ils connoissent le mieux, ils jugent les autres d'après celles-là. Une fille vertueuse écoute des mots grossiers sans embarras, parce qu'elle n'en comprend pas le sens; mais des hommes sans délicatesse attribueront la tranquillité de son visage à cette présence d'esprit qu'on prétend que vous possédez à un plus haut degré que nous; ou des observateurs plus méchans y verront l'assurance de l'effronterie. Quelquefois une fille rit d'un mot équivoque, entraînée par l'exemple et la contagion qui accompagnent le rire sans entendre la chose dont on rit; on ne manque pas de la croire alors plus instruite qu'elle ne l'est en effet; si elle entend, c'est encore pis, et elle se trouve dans le plus grand embarras. Sa modestie est fortement blessée, en même temps qu'elle a honte de laisser voir qu'elle sent l'insulte. Le seul moyen d'éviter ces inconvéniens, est de ne jamais aller à une pièce de théâtre où l'honnêteté des mœurs soit véritablement violée. »

Et si une jeune personne ne peut, sans un grand péril, assister à la comédie, peut-elle sans un péril plus grand encore, la jouer elle-même? A la ville, au village, à la campagne, cet amusement est presque devenu une passion; des théâtres de société sont élevés par-tout; à côté même des spectacles multipliés qu'offre la reine des cités, des troupes nombreuses se sont formées; et elles ne craignent pas de chausser le cothurne; tant la vanité aveugle sur le talent! Défiez-vous, je vous en conjure, des plaisirs qu'un goût semblable promet. Ne consentez pas aisément à prendre un rôle dans les pièces qu'on vous propose; est-ce pour faire de vous des femmes de théâtre que vos parens vous placèrent dans ce sanctuaire de la vertu ? Nous demandions à un Anglais ce qu'il pensoit de nos modernes Françaises : *Elles sont*, nous répondit-il, *fort aimables, mais qu'est-ce que vous en faites dans vos maisons ?* Réponse pleine de sens. Vos talens dans les arts frivoles fussent-ils applaudis comme ceux des meilleurs artistes, que vous reviendroit-il de tous vos succès ? La place que vous devez occuper dans la société demande de vous une bien autre science ; c'est à acquérir cette science si nécessaire que doivent tendre tous vos efforts.

IX. Dangers dans les liaisons que vous pourrez former. Doit-on s'interdire tout ce qui peut s'appeler des amitiés particulières? Non, pourvu que ces amitiés soient sages, respectent les obligations qui découlent de notre état, et n'éteignent point ce sentiment de bienveillance que chacun de nous doit à ses semblables. Les liaisons qu'on aime tant à former à votre âge, se soutiennent jusqu'au dernier soupir avec une vivacité, une constance, que n'ont jamais celles que l'on contracte dans un âge plus avancé. Mais il ne faut pas croire que, sous le nom d'amitiés particulières, il ne puisse exister des liaisons dangereuses, et que ce ne soit à cet écueil, peut-être plus qu'à aucun autre, que viennent se briser des vertus dignes d'un meilleur sort. Si nous vous disions qu'inconnues en arrivant dans le monde, ce sera par l'opinion qu'on a des femmes avec lesquelles vous serez liées qu'on jugera de vos sentimens, nous exprimerions une vérité si triviale que la sagesse des siècles en a fait un proverbe; cependant le péril que l'on court à s'annoncer dans l'esprit d'autrui, d'après la réputation des personnes que l'on voit habituellement, quelque grand qu'il puisse être, doit-il vous être présenté comme celui que vous avez le plus à redouter? Ce sont les conseils, les exemples, les séductions, le caractère de vos amies, qui pourront devenir funestes à votre innocence, et par conséquent à votre bonheur. Qui voudroit compter le nombre des jeunes personnes que des relations pareilles ont égarées? Qu'elles sont affreuses les chutes qu'on fait dans des chemins où tant de précipices sont cachés sous des fleurs! L'éducation fut parmi nous si négligée pendant dix ans, au milieu des efforts qu'on faisoit pour conquérir la liberté, la licence est devenue si universelle, la conduite de la plupart des femmes offre

offre si peu de régularité, qu'il est extrêmement difficile qu'une fille qui sort d'une maison d'instruction ne rencontre pas beaucoup de ces jeunes personnes dont la fréquentation est contagieuse, et ne finisse point par se perdre, quand elle a osé contracter avec elles d'imprudentes liaisons. Car quels sont les goûts, les qualités et les mœurs des femmes que l'on voit aujourd'hui dans le monde? L'une n'y songe qu'à parer ses charmes de toutes les superfluités dont un vain luxe fait des nécessités, et plaire à tout ce qui la voit est son étude suprême; l'autre, livrée aux amusemens qu'une ville, grande ou petite, réunit, n'existe que pour en parcourir le cercle, et l'ennui a beau l'assiéger par-tout où elle se promettoit des fêtes, rien ne peut la guérir de son amour pour la dissipation. Celle-là, couvrant une conduite répréhensible sous un voile hypocrite, se permet en lectures, en correspondances, en sentimens, des libertés que la raison, la morale, et la religion condamnent; celle-ci, secouant jusqu'au joug salutaire des bienséances, fait des égaremens de sa vie le scandale de ses concitoyens.

Au milieu de semblables sociétés, comment trouver des filles et sur-tout des femmes avec lesquelles de jeunes personnes puissent se lier sans danger? Ah! nous pouvons vous assurer que la plupart de celles qui firent naufrage dans la vertu, durent ce malheur aux liaisons qu'elles formèrent en entrant dans le monde, et que si, lorsque vous y paroîtrez, vous n'êtes, à cet égard, d'une vigilance continuelle, vous augmenterez le nombre des victimes que chaque jour se plaît à multiplier.

X. Quel tableau des dangers du monde nous vous présenterions, jeunes élèves, si nous ajoutions ceux qui naîtront pour vous de la société de ces jeunes gens contre lesquels il faut pourtant bien

...rmer votre prudence, puisque vous devez entre eux un jour fixer votre choix! La nature vous créa pour devenir épouses et mères : c'est ici bas votre plus honorable destination. En gardant la décence dont vous ne devez jamais vous départir, il vous est donc en général permis de vous trouver, de converser même avec des hommes qu'une bonne éducation distingue, et qu'une excellente réputation a recommandés ; mais parmi ceux-là encore, quelque honnêtes qu'ils paroissent en effet, il en existe beaucoup dont les intentions ne sont ni droites, ni pures, et qu'on a d'autant plus à craindre, qu'on croit avoir moins à s'en défier. Vrais caméléons auprès d'un sexe qu'il est si facile de tromper, ils affecteront vos goûts, vos qualités, vos vertus, vos défauts même; ils seroient, dit un auteur, le singe de vos vices si vous en aviez... Dans le style des prudes, tout homme est un monstre, le monde entier un séducteur; ce n'est point là le langage de la sagesse, et il est bien rare qu'il ne soit dicté par la passion : il est pourtant très-vrai qu'il n'y a rien aujourd'hui d'aussi difficile à rencontrer qu'un jeune homme dont l'esprit soit solide, le cœur délicat, la conduite honnête; et qu'à moins qu'une fille n'oppose à tous une vertueuse défiance, elle court risque de se laisser égarer par quelqu'un d'entre eux.

Voilà, parmi tous les périls que vous aurez incessamment à courir, quels sont à peu près les plus redoutables à votre innocence, et par conséquent à votre bonheur. Jeunes, sans expérience, pleines de droiture et de simplicité, est-ce de vos efforts que vous devez attendre les moyens de vous y soustraire? Devez-vous compter que, si vous n'avez recours à des têtes plus mûres, vous éviterez les fautes dont il est si important de vous préserver? Nous pourrions vous dire avec un sage : Quelque chose de malhonnête s'offre-t-il à tes yeux? ne le vois pas; frappe-t-il tes oreilles? ne l'entends pas; se présente-t-il à ta bouche? tais-toi. Mais ce conseil-là même, tout sage qu'il est, suffiroit-il à votre conduite? Non, vos parens, vos parens seuls pourront, au milieu du labyrinthe où il est si facile de s'égarer, vous guider d'une main sûre, et vous faire surmonter tous les obstacles qui renaîtront sans cesse sous vos pas. Eh! à qui auriez-vous recours, qui sût mieux qu'eux vous donner les conseils, vous assurer les secours, vous armer du courage qui vous seront nécessaires, et vous servir de pilotes sur une mer semée de mille écueils? Y a-t-il quelqu'un dans l'univers qui soit plus intéressé à votre sort, dont le cœur vous aime d'une tendresse plus naturelle, à qui le péril qui vous menace inspire plus de terreur? Vous avez le caractère trop aimant pour n'avoir pas des amies; vous formerez sans doute dans le monde d'innocentes liaisons. Cependant, vos compagnes eussent-elles toute la sagesse qu'on peut leur supposer à leur âge, les confidences exclusives que vous leur feriez sur l'état de votre ame, ne seroient pour vous qu'un danger nouveau; elles vous perdroient à côté d'une mère ou d'un père qui peut vous sauver; et vous resteriez sans consolation, parce que vous seriez sans excuse.

Heureuse la jeune personne qui, ayant des parens dignes de toute sa confiance, ne met aucune borne à ses épanchemens, et dépose dans leur tendre sein tous les sentimens qu'elle éprouve, qui n'a pas un secret, ne forme pas une résolution, ne fait pas une démarche qu'elle ne les leur communique, intimement convaincue que, si elle leur cachoit le plus petit mouvement de son ame, elle leur feroit un coupable et funeste larcin ! Quelles que soient les circonstances où elle se trouve, quelque pressans que soient ses besoins, elle peut être certaine que la tendresse maternelle ne lui refusera aucun des secours qui peuvent être nécessaires à son bonheur, et que, sur le bord des précipices qui menacent d'engloutir sa vertu, tout autre que ses parens ne feroit que hâter sa chute.

L'égoïsme est dans la société le sentiment qui domine; les personnes qui vous témoignent le plus d'affection sont très souvent celles qui en sentent le moins. Une fille qui, franche et naïve, s'imagineroit que toutes les marques d'amitié qu'on lui prodigue partent de l'ame, s'abuseroit donc étrangement ; car, parmi les femmes sur-tout, il faut l'avouer, bien peu doivent compter sur cette sincérité d'attachement dont elles se font des démonstrations réciproques. Mais quelle est la mère, quel est le père dans les familles honnêtes, dont on puisse soupçonner la tendresse pour ses enfans? Si une fille a le malheur de se mal conduire, la honte n'en retombe-t-elle pas sur ceux qui lui ont donné le jour? Tous les intérêts qui peuvent les presser de veiller à sa réputation comme à son innocence ne se réunissent-ils pas en sa faveur? et peut-on comparer à quelqu'autre douleur celle qu'ils éprouvent, lorsque leur enfant a terni cette fleur de vertu sans laquelle il n'est plus pour elle ni honneur, ni estime?

Que devez-vous donc faire, vous qui, peut-être avec joie, vous voyez à la veille d'entrer dans le monde, et qui, malgré l'égide dont une mère prudente vous couvre, allez être exposée à tant de périls? Confier à cette mère toutes les pensées de votre esprit, tous les sentimens de votre cœur; ne lui cacher aucun livre, aucune lettre, aucune liaison; la regarder comme la plus vive, la plus tendre, la plus indulgente de vos amies, et être bien persuadée que, du moment où vous useriez de dissimulation avec elle, il ne vous resteroit aucun moyen d'échapper aux piéges qu'on vous tendroit.

Sortie de la maison paternelle avec d'heureuses dispositions, et ayant puisé dans une maison d'éducation de sages principes, *Camille* se lia, en entrant dans le monde, avec une cousine qui à beaucoup de talens joignoit fort peu de vertus. Ne se défiant point d'une parente qui avoit déjà l'art de se contrefaire, elle s'abandonna sans crainte à des conseils qui paroissoient sans danger; néanmoins, après s'être laissé persuader que les devoirs religieux étoient des minuties absurdes, elle les négligea: vint ensuite l'amour de la parure, de la dissipation, des plaisirs; la lecture des romans s'y mêla bientôt comme une fureur. A l'entendre, tout étoit innocent; la mère qui faisoit des remontrances contraires, étoit, à son sens, une maîtresse sévère qu'il étoit impossible de supporter; on lui rendoit les devoirs de bienséance; on avoit même au fond de l'amour pour elle; mais on ne lui montroit aucune confiance; que dis-je? on ne songeoit qu'à lui cacher tout ce qu'on faisoit. Cette conduite ne pouvoit tarder à produire un malheureux effet; poussée par l'insidieuse cousine aux plus hautes imprudences, *Camille* perdit non sa vertu, mais sa réputation, et rien dans la suite ne put détruire les soupçons que ses étourderies, plus que ses fautes, avoient fait naître.

O vous, qui seriez tentées un jour d'imiter *Camille*, souvenez-vous des malheurs où le défaut de confiance en sa mère l'entraîna. Dites-vous sans cesse qu'au milieu des périls qui environnent une fille dans le monde, la docilité qui se laisse conduire en tout par la tendresse maternelle, peut seule la préserver de l'égarement; et pour vous engager par de bons exemples à rester fidèles à vos devoirs, souffrez que nous mettions sous vos yeux un tableau capable de produire sur vous un effet aussi salutaire.

« Une fille bien née, dit un auteur, passe sa vie de la manière la plus agréable et la plus décente. Le matin elle sort d'un paisible sommeil; son teint a la fraîcheur de la rose, son ame jouit d'une douce paix, elle offre à celui dont elle tient l'être un jour qui ne sera pas perdu pour la vertu. Elle passe ensuite chez sa mère; les tendres affections de son cœur s'épanchent avec les auteurs de ses jours; elle les soulage dans les détails des soins de la maison; elle adresse une exhortation secrète à un domestique; elle demande grace pour un autre; elle occupe ensuite son loisir des travaux de son sexe; elle orne son ame de connoissances utiles; elle ajoute à son goût exquis les agrémens des beaux-arts, et ceux de la danse à sa légèreté naturelle. Une parure simple et élégante orne des traits où règnent la douceur et la sérénité; elle charme une honnête société par ses discours sensés et modestes; quelquefois aussi, en riant avec ses compagnes, elle ramène une jeunesse folâtre au ton de la sagesse et des bonnes mœurs. Elle est en souci sur la peine ignorée d'une famille indigente; elle s'occupe à secourir ou consoler la triste veuve et l'orphelin délaissé. Le soir, en récapitulant ses actions du jour, elle trouve qu'au milieu de plusieurs inadvertances, peut-être de quelques fautes, elle peut compter des actes de vertu; elle gémit des unes, demande pardon des autres, ne s'enorgueillit point du bien qu'elle a fait; elle remercie l'Eternel des nouvelles faveurs qu'elle en a reçues; s'endort paisiblement au sein d'un si doux sentiment; et elle ne se réveille le lendemain que pour s'en rendre plus digne ».

Quel tableau! Puissiez-vous le reproduire, jeunes élèves, tout le temps qui précédera votre établissement, et mériter ainsi le bonheur qu'on trouve dans la sainteté d'une union que forma la vertu; il croît avec les ans et dure autant qu'elle.

Mais, grand Dieu! de quelle utilité seroient et ces conseils et tout mon zèle, si tu n'en assurois toi-même le succès? Répands tes bénédictions sur mes efforts; donne aux intéressans objets de tant de sollicitudes l'horreur du mal et l'amour du bien. A travers des îlots blanchis par des milliers d'écueils, que ta main toute-puissante les préserve du naufrage, et les conduise au port; sois, dans la personne de leurs estimables parens, la Providence visible qui veille à tous leurs besoins. Ne les abandonne sur-tout point dans ce moment décisif où un établissement approuvé de la vertu les placera dans une nouvelle famille, et donne-leur la force de soutenir des liens qui écrasent quand on les porte sans toi. C'est le vœu le plus ardent de mon cœur, la prière que je ne cesserai d'adresser à ta bienfaisance, la plus douce récompence que tu puisses accorder à mes soins: ne la refuse pas au sentiment qui l'implore!

Tu viens d'entendre les maximes qui doivent régler ta vie, tu leur as donné ton consentement; quel nouveau maître attends-tu donc encore pour commencer à réformer tes mœurs?

ÉPICTÈTE.

EMILIE.

« Une femme se faisoit peindre, dit l'ingénieux Desmahis; ce qui lui manquoit pour être belle étoit précisément ce qui la rendoit jolie. Elle vouloit tout à la fois et que le peintre fût infidèle, et que le portrait fût ressemblant : voilà ce qu'elles seront toutes pour l'écrivain qui doit parler d'elles ».

La femme dont nous allons parler existe; elle n'a pas trente-trois ans. Si ce foible Ouvrage tombe entre ses mains, elle ne pourra point se dissimuler que c'est ici, sous un nom emprunté, l'histoire abrégée de sa vie; mais loin de se plaindre que nous ayions atténué son mérite, elle nous accusera sans doute de l'avoir exagéré; et cette accusation ne fera que prouver davantage sa modestie et notre justice.

Monsieur de *Gilore* ayant quitté le service après avoir obtenu la croix de

St. Louis, se maria à St. Domingue, avec une créole qui mourut deux ans après, sans lui laisser d'enfans. L'époux, qui aimoit beaucoup sa femme, ne voulant plus habiter l'île où il l'avoit perdue, vint s'établir en France où étoient nés ses ancêtres ; et sentant que le vide de son cœur ne pouvoit être rempli que par un autre engagement, il épousa à Bordeaux mademoiselle de *Turben*, jeune personne qui joignoit à un visage charmant une conduite exemplaire.

Au lieu d'un fils qu'ils désiroient, le ciel venoit de leur donner une fille, lorsque M. de *Gilore* mourut. Sa veuve ayant à Paris un oncle nommé d'*Orimane*, sous la protection duquel elle vouloit mettre l'enfant dont elle étoit mère, quitta Bordeaux et se rendit à Paris. Là, malgré sa jeunesse, ses talens et son indépendance, madame de *Gilore* s'occupa tellement de son *Emilie*, qu'aucun des plaisirs du monde ne pouvoit l'arracher aux soins maternels.

Emilie étoit à cinq ans vive, bruyante, quelquefois emportée; mais bonne, sensible, pleine du désir de plaire, et vivement affligée quand sa mère n'étoit pas contente de ses progrès. Aussi, comme elle redoubloit alors d'application! Avec quelle joie elle s'appercevoit qu'on avoit oublié ses négligences! Combien elle étoit reconnoissante de la tendresse qu'on lui témoignoit! Des promenades au Jardin des Tuileries, aux Champs-Élysées, non avec sa seule gouvernante, mais toujours accompagnée de sa mère, étoient l'ordinaire récompense de son émulation. A la suite d'une récréation si méritée, ses devoirs lui paroissoient plus doux; et quand elle s'en écartoit, il suffisoit de lui rappeler tout ce qu'on avoit fait pour elle.

Beaucoup de parens estiment qu'on

ne doit parler ni de Dieu, ni de morale à ses enfans avant qu'ils aient atteint un certain âge; comme si des plantes, qu'on laissa sécher dès leur naissance, pouvoient jamais être susceptibles de quelque accroissement !

Madame de *Gilore*, qui ne partageoit pas cette opinion, avoit appris de très-bonne heure à sa fille qu'il existe un Dieu, créateur de l'univers; que ce Dieu punit ou récompense les hommes dans une autre vie; et que la prière du repentir ou de l'innocence obtient toujours de lui les graces dont ils ont besoin. A la fin de la journée, *Emilie* remercioit l'Être-Suprême des bienfaits qu'elle en avoit reçus; en la recommençant le lendemain elle imploroit les secours qui pouvoient lui être nécessaires; et, en se souvenant qu'elle avoit Dieu pour témoin et pour juge, elle faisoit plus d'attention à ses devoirs.

Emilie n'avoit pas neuf ans encore,

et elle savoit coudre passablement, lire avec intelligence, écrire assez bien, soigner ses habits, sa coiffure, son linge; aider, prévenir même sa mère dans les soins domestiques, dont la médiocrité de sa fortune lui faisoit une rigoureuse nécessité.

Les maîtres d'agrément sont aujourd'hui donnés aux enfans à un âge si tendre, qu'on diroit que l'instruction la plus nécessaire est celle qu'on applaudit dans un concert, ou qui fait briller dans un bal. Madame de *Gilore* n'avoit pas jugé que ni la musique ni la danse dussent avoir la préférence sur des études indispensables; et elle avoit renvoyé à une époque plus éloignée ces arts dont on ne vante souvent les charmes que parce qu'on en chérit les dangers.

En attendant, la studieuse *Emilie* lisoit à madame sa mère des livres aussi amusans qu'instructifs; elle récitoit agréablement des morceaux de prose et de poésie qu'un homme de goût avoit recueillis en faveur de l'enfance ; elle apprenoit successivement les détails que doit connoître une demoiselle qui aura tôt ou tard une famille à gouverner.

Tout n'étoit pas plaisir dans la journée, car le travail a ses peines, la morale sa tristesse, l'uniformité ses ennuis ; mais des visites agréables, des sociétés choisies, des spectacles innocens, des courses champêtres faisoient oublier les petits chagrins d'une vie sérieusement appliquée au travail ; et comme l'enfant qu'un livre incomparable donne pour modèle à toutes les conditions, *Emilie croissoit en âge et en sagesse*.

Tandis que l'oncle applaudissoit aux soins de la mère, ainsi qu'à la conduite de la fille ; et qu'extrêmement attaché à l'une et à l'autre, il formoit les plus avantageux projets pour elles, madame de *Gilore* est attaquée d'une maladie qui laisse à peine quelque espoir de sa guérison. *Emilie*, n'ayant encore que dix ans, ne songeoit guère aux dangers que couroit sa mère; mais elle la voyoit malade et souffrante, elle partageoit toutes ses douleurs; dans son langage naïf et doux elle lui exprimoit la tendresse la plus touchante; et, comme si la vivacité du sentiment suppléoit à la foiblesse de l'âge, elle soignoit sa tendre mère avec un zèle qui doubloit ses moyens. « Oh! maman, lui disoit-elle, comme » je voudrois soulager tes maux! Que » je souffre de te voir souffrir! Si, » pour te guérir, il ne falloit que se » mettre à ta place, je m'y mettrois tout » à l'heure; je suis trop malheureuse » depuis que je te vois dans ce triste » état. »

Qu'on se représente une mère qui chérit tendrement sa fille unique, qui sent qu'elle va la laisser entièrement orpheline, qui tremble que son oncle, se mariant un jour, n'abandonne sa pupille au malheur, et l'on aura une idée de la situation affreuse de madame de *Gilore*.

Cependant la bonne *Emilie* étoit toute la journée auprès du lit de sa mère, et ne vouloit pas la quitter, même pendant la nuit. Lorsque des ordres absolus la renvoyoient de sa chambre le soir, le lendemain matin, de très-bonne heure, elle se trouvoit dans celle de madame de *Gilore*; et les soins qu'elle lui donnoit étoient si ingénieux, si tendres, qu'on ne pouvoit les voir sans un véritable attendrissement.

Tous les secours de l'art étant devenus inutiles, il fallut avoir recours à ceux de la religion. Un prêtre recommandable administrant à une femme pieuse les derniers sacremens; des parens, des amis prosternés aux pieds de celui qui commande à la vie et à la mort; un enfant qui va perdre pour jamais celle de qui elle reçut tant de bienfaits avec la naissance, et dont elle implore, à mains jointes, la guérison ; des domestiques désolés de voir mourir la meilleure des maîtresses.... Quel tableau ! A peine madame de *Gilore*, ayant recueilli toutes ses forces, eut, pour la dernière fois, recommandé sa fille à son oncle, qu'elle perdit l'usage de la parole ; et, sentant approcher la mort, elle témoigna par un signe qu'elle désiroit qu'*Emilie* ne fût pas témoin de son dernier soupir.

En apprenant que sa mère avoit perdu la vie, *Emilie* poussa des cris déchirans ; bientôt après elle eut une attaque de nerfs qui fit craindre pour elle des convulsions dangereuses ; mais par les soins d'un médecin habile, le spasme cessa ; et elle ne fut pas plus tôt revenue à elle-même, que, se jetant à genoux, elle s'écria : « Mon Dieu, qui viens de m'enlever ma mère, fais que j'hérite de ses vertus » !

M. d'*Orimane* étoit garçon; l'éducation de sa nièce étoit à peine commencée; il ne lui restoit d'autre parti à prendre que celui de la mettre dans un couvent. On lui fit l'éloge de la maison des Ursulines, à la tête de laquelle étoit alors madame de *Laugier-Beaucouse*, supérieure d'un grand mérite; il y plaça cette enfant. Sous les yeux d'une gouvernante qui ne la quittoit jamais, par les soins d'une maîtresse qui l'aima de la tendresse la plus vive, elle fit en tout genre de si grands progrès, qu'elle fut toujours citée comme l'exemple de ses compagnes; et, malgré les distinctions que sa bonne conduite lui obtenoit, aucune d'elles n'en conçut le moindre sentiment de jalousie.

M. d'*Orimane* donnoit à sa nièce six francs par mois pour ses menus-plaisirs. Jamais elle n'employa cette somme à un autre usage que celui de secourir secrètement une ancienne femme-de-chambre de de sa mère, qu'un mari sans entrailles avoit délaissée avec trois enfans; et lorsque ses amies lui demandoient pourquoi elle n'achetoit aucun des objets qui plaisent tant au jeune âge, elle répondoit naïvement qu'elle aimoit mieux secourir le malheur et l'indigence, qu'acheter des inutilités et des gâteaux.

Quoiqu'elle ne fût pas insensible aux éloges, et que le plaisir de les recevoir entrât pour quelque chose dans son exactitude à tous ses devoirs, sa timidité naturelle ne lui permettoit pas de chercher les occasions de paroître; et quand on lui ordonnoit de montrer ses jolis ouvrages, elle étoit d'un embarras qui dégénéroit en gaucherie. Mais qui pourroit exprimer l'empressement avec lequel elle faisoit remarquer les progrès de ses sœurs; le zèle qu'elle mettoit à les aider dans la tâche qui leur étoit prescrite; la satisfaction dont jouissoit son ame quand on applaudissoit à leurs talens!

Les louanges qu'elle pouvoit leur attirer, les amusemens qu'elle pouvoit leur procurer, les services qu'elle pouvoit leur rendre, étoient moins ses devoirs que ses plaisirs. On savoit dans la maison qu'elle étoit toujours prête à obliger ses compagnes; et elle mettoit dans ses bons offices tant de délicatesse, qu'on se sentoit élever en les acceptant.

Emilie n'avoit pas reçu de la nature ce caractère que les contrariétés n'impatientent jamais; ses premiers mouvemens auroient pu la pousser jusqu'à la colère; mais elle savoit déjà que la vertu consiste à réprimer de pareils mouvemens. A force de combattre cette vivacité extrême, elle contracta l'habitude de la vaincre, parvint à la dompter; et jamais aucune des personnes avec qui elle a vécu le plus familièrement, n'a soupçonné que la douceur ne fût pas naturelle à son ame.

La vanité conduit presque toujours

les jeunes personnes à l'affectation; pour se faire remarquer, elles ne veulent rien dire, rien faire comme les autres; tout ce qui sort de la simplicité de la nature leur paroît la perfection du talent. *Emilie* ne tarda pas à apprendre de sa maîtresse que la simplicité doit être l'apanage d'une fille bien élevée; et cette leçon souvent répétée par une amie en qui elle avoit la plus grande confiance, a depuis été la règle de toutes ses actions. Quand elle vous dit qu'elle vous est attachée, on peut compter sur son attachement; lorsqu'elle pleure avec vous, on peut être certain de sa douleur; si elle vous fait des offres de service, on peut les accepter comme un plaisir qu'on lui procure; si elle vous félicite sur un évènement qui vous est agréable, on peut être persuadé qu'elle partage sincèrement votre joie.

Son institutrice lui avoit recommandé, comme un principe essentiel, de ne jamais renvoyer au lendemain ce qu'elle devoit faire dans la journée. Bien différente de ces ames paresseuses qui remettent toujours à une autre heure, elle faisoit chaque chose au moment prescrit, et tous les jours elle pouvoit se rendre témoignage qu'elle n'avoit ni oublié ni négligé la tâche qui lui étoit imposée.

Il est un mérite qui nous rend agréables, il est fondé sur les talens; un mérite qui nous rend aimables, il est fondé sur les qualités; un mérite qui nous rend estimables, il est fondé sur les vertus. Pleine de zèle pour la perfection de son éducation, *Emilie* étoit sans cesse occupée des moyens d'acquérir ce triple mérite; et nous avons plusieurs fois entendu dire à sa maîtresse que dans aucun temps, aucune de ses élèves n'avoit profité comme *Emilie* des leçons dirigées vers un but aussi important,

On lui avoit déjà peint sous leurs véritables couleurs cette foule de romans qui, comme s'exprime un homme de goût, par une continuelle métamorphose, tiennent la vie les uns des autres, et qui, dans leur passage rapide du néant à l'existence et de l'existence au néant, exhalent un poison plus ou moins funeste. Un jour une de ses compagnes offrit de lui prêter secrètement quelques uns de ces ouvrages pernicieux. J'ignore, répondit-elle, si lorsque je serai mariée j'aurai sur ce point d'autres principes; mais tant que je serai fille, je ne lirai pas de romans.

A l'âge de quinze ans, *Emilie* n'ayant plus rien à apprendre dans un couvent, et se trouvant fort en état de présider au gouvernement d'une maison décente, son oncle l'appela auprès de lui. Cet oncle n'étoit pas l'homme du monde le plus généreux, mais il étoit si flatté d'avoir une nièce dont tout le monde lui disoit du bien, et qui, dans sa maison, se conduisoit avec une rare sagesse, qu'il ne voulut rien épargner pour perfectionner son éducation.

Elle avoit du goût et du talent pour la harpe, il lui donna pour maître le fameux *Emich*; il étoit nécessaire qu'elle apprît à danser, ne fût-ce que pour savoir se présenter avec grace, il voulut que *Despréaux* lui donnât des leçons. Quant au dessin, elle étoit déjà assez avancée pour travailler seule, et nous avons d'elle des paysages qui ne seroient pas indignes du crayon d'un habile dessinateur.

M. *d'Orimane* paroissoit s'attacher chaque jour davantage à *Émilie*, et d'après les projets qu'on l'entendoit former pour elle, on n'eût certes pas imaginé qu'à cinquante ans, il lui prît envie de se marier. Il eut ce malheur: il poussa même l'aveuglement jusqu'à épouser une demoiselle de l'âge de sa nièce; établissement disproportionné, qui, comme tous les autres de ce genre, ne pouvoit avoir que de fâcheux résultats.

Après ce mariage irréfléchi, *Emilie* ne pouvoit habiter décemment la maison de M. *d'Orimane*; elle demanda la permission de se retirer avec sa femme de chambre dans un couvent. Cette retraite coûtoit beaucoup de regrets à son oncle, car il aimoit d'autant plus sa nièce, qu'il connoissoit tout ce qu'elle avoit d'attachement pour lui; mais il n'avoit rien à opposer à une détermination aussi sage; il y consentit. *Emilie* loua un appartement dans un des monastères du faubourg S.-Germain; et après avoir édifié pendant quatre ans cette maison par sa modestie, sa piété, sa bienfaisance, elle la quitta lorsque le canon du 10 août eut intimé aux religieuses elles-mêmes l'ordre absolu d'en sortir.

Elle apprit bientôt que la maîtresse qui l'avoit élevée aux Ursulines s'étoit retirée chez une de ses parentes, dans le faubourg S.-Marceau. Avec quel empressement elle vola chez elle, pour lui prodiguer tous les secours, toutes les consolations dont elle avoit besoin! Comme cette excellente institutrice fut sensible à la reconnoissance de son élève!..... Hélas! frappée dans ses habitudes les plus chères, la bonne madame *Sophie* ne survécut pas long-temps à ses malheurs; elle mourut entre les bras d'*Émilie*, pardonnant aux ennemis de l'état religieux, et bénissant le Dieu qui, au milieu de tant d'agitations, daignoit terminer ses misères.

Émilie ne tarda pas à éprouver un chagrin plus vif encore; son oncle fut arrêté et conduit dans les prisons de Versailles, comme *noble, riche et suspect*. Qui pourroit exprimer tout ce qu'elle employa de soins, de démarches, de présens pour obtenir des hommes qui s'étoient emparés du pouvoir la liberté de M. *d'Orimane*! Vains efforts! Transféré à la conciergerie, il comparut au tribunal révolutionnaire le lendemain; il voulut parler, on lui imposa silence, et le soir même il fut exécuté.

Cette mort qui la privoit de son seul parent, son seul appui, son seul bienfaiteur, et qui lui laissoit peu d'espoir de recouvrer son patrimoine, parce qu'il étoit confondu avec les biens de son oncle, confisqués au profit de la république, cette mort, dis-je, réduisoit *Emilie* à la plus horrible situation. Mais un homme qui l'avoit connue dans une société aussi respectable qu'intéressante, et à qui la révolution, en lui ravissant sa fortune, n'avoit pu enlever sa plume, osa lui offrir sa main. Pénétrée d'une offre qu'elle appeloit généreuse, quoiqu'en l'acceptant elle rendît elle-même à cet estimable homme-de-lettres un signalé service, *Emilie* consentit à partager le sort de M. *d'Albigny*; et, par ce mariage, elle eut le bonheur de le sauver de la hache révolutionnaire, déjà levée sur sa tête.

Quelques jours avant de se marier, *Emilie* fit part à une femme qui l'aimoit beaucoup, de l'union qu'elle alloit contracter; et, dans cette circonstance si importante, elle lui demanda des conseils sur plusieurs objets: voici quelques fragmens de la réponse que lui fit cette bonne amie.

« Par des motifs que je ne puis qu'approuver, ma chère Emilie, vous êtes donc décidée à accepter la main de M. *d'Albigny*? Que le Dieu qui connoît la sagesse de votre conduite, bénisse la pureté de vos intentions; et que la fidélité avec laquelle vous avez rempli vos devoirs de fille, vous mérite les secours dont vous avez besoin pour remplir vos obligations d'épouse et de mère!

» Vous allez devenir la compagne des travaux, l'économe de la fortune, la gardienne de la réputation, la confidente des pensées de votre époux, enfin cet ami qu'on cherche si long-temps et souvent si inutilement dans la société. N'oubliez jamais cette vocation honorable, et rendez-vous en digne par une inviolable fidélité.

» Vous estimez certainement l'homme auquel on va vous unir. Quel que soit son caractère, quelque amour qu'il ait pour vous, il seroit impossible que vous vécussiez long-temps bien avec lui, si vous ne supportiez ses défauts avec plus de douceur encore qu'il ne sera obligé de souffrir les vôtres ; une société aussi intime que l'est celle du mariage exige de continuels égards et la plus inaltérable vertu.

» Si votre fortune s'améliore, comme je l'espère, continuez à rechercher dans vos vêtemens la plus grande propreté, la plus sévère décence; mais rejetez-en ces ornemens superflus, inventés par le luxe, désavoués par la nature, condamnés par l'humanité. Laissons aux femmes qu'une folle passion égare cet or brillant, ces riches bijoux, ces habits superbes qui annoncent les plus coupables prétentions. Une femme qui ne veut plaire qu'à son époux, dédaigne l'art que la coquetterie emploie pour séduire des yeux étrangers ; tout sentiment qu'elle excite et approuve dans le cœur d'un autre homme, la rend malheureuse et la déshonore.

» Au milieu des travaux et parmi tous les arts, l'homme déployant sa force et commandant à la nature trouve des plaisirs dans son industrie, dans ses succès, dans ses efforts-mêmes : la femme, plus solitaire, a bien moins de ressources ; ses plaisirs doivent naître de ses vertus, ses spectacles sont sa famille ; c'est auprès du berceau de son enfant, c'est en voyant le souris de sa fille et les jeux de son fils, qu'une mère est heureuse.

» Une femme estimable regarde comme une loi sacrée la volonté de son époux. Elle lui apporte une riche dot, sa fidélité et sa soumission : car les richesses et la bonté de l'ame sont préférables à des charmes qui seront bientôt flétris, et aux présens trompeurs et passagers de la fortune. Une maladie efface la beauté des traits; celle de l'ame dure plus que la vie........ Adieu, ma chère Emilie; soyez bien persuadée que je forme pour vous les vœux les plus empressés, et qu'il ne vous arrivera rien d'heureux ni de malheureux, que je ne le partage ».

Avant le jour fixé pour son mariage, *Emilie* lut et relut cette lettre pleine de sens; et elle a depuis si bien profité des conseils de madame de *Senneville*, qu'il n'en est aucun qu'on puisse lui opposer.

Il n'y avoit pas long-temps qu'une alliance aussi douce étoit formée, lorsque la chute de Roberspierre permit à la France de respirer. Bientôt après, les biens des condamnés furent rendus à leurs familles ; *Emilie* rentra dans les siens. Avec un époux qui devoit valoir quelque chose, puisqu'il sentoit si bien tout ce qu'elle valoit, cette femme estimable jouissoit de la félicité qu'on goûte dans des liens bien assortis, lorsque le ciel lui accorda un fils de la plus agréable figure, puis une fille qui réunit à une intelligence étonnante un caractère intéressant.

On reproche communément aux filles la vanité, la curiosité, la paresse, la légèreté, la ruse, le désir de plaire, et tous les défauts qui naissent de ces passions. *Emilie* n'en étoit pas exempte ; elle le savoit : mais sa raison saine, son cœur droit lui firent prendre la résolution de s'en corriger; et, comme elle le voulut fortement, elle l'exécuta avec courage.

S'il n'y a rien qui contribue davantage à la douceur de la vie que la véritable amitié, rien aussi qui expose une jeune personne à plus de dangers que des liaisons inconsidérées ; car le venin s'insinue par la conformité des caractères et la vivacité des relations. Bien certaine qu'il n'y a d'union solide, utile et honorable, que celle qui est fondée sur la vertu, ce qui n'en porte pas le sacré caractère n'a pour *Emilie* qu'un bien foible intérêt ; et dût-on l'accuser de froideur, jamais elle n'accordera son amitié à qui ne mérite pas son estime.

Au lieu de disputer sur la religion, elle la pratique ; rarement on la voit se mêler à ces discussions téméraires où la passion a plus de part que la piété. Cependant pressée un jour de s'expliquer sur certaine question, elle répondit : « Je pardonne volontiers les erreurs et presque l'entêtement des fanatiques de bonne-foi ; mais ces hypocrites qui, par ambition, feignent jusqu'au fanatisme, je les haïrois si mon cœur étoit capable de haïr ».

Dans les commencemens de son mariage, elle s'étoit permise les plaisirs si naturels à son état et à son âge, la comédie française, les fêtes Elyséennes, les concerts décens. Mais renfermée aujourd'hui dans les devoirs d'épouse et de mère, elle consacre ses jours à la pratique des vertus obscures : occupée du gouvernement de sa famille, elle règne sur son mari par la complaisance, sur ses enfans par la douceur, sur ses domestiques par la bonté : sa maison est la demeure des sentimens religieux, de la piété filiale, de la tendresse maternelle, de l'ordre, de la paix intérieure, du doux sommeil et de la santé; économe et sédentaire, elle en écarte les passions et les besoins; l'indigent qui se présente à sa porte n'en est jamais repoussé; l'homme qui n'a que des pensées coupables ne s'y présente point; l'hypocrite qui fait servir la religion à la fureur des partis et à des vues d'intérêt, n'a pas même le désir d'y paroître. Elle a un caractère de réserve et de dignité qui la fait respecter, d'indulgence et de sensibilité qui la fait aimer, de raison et de tolérance qui la fait admirer, de prudence et de fermeté qui la fait craindre ; elle répand autour d'elle une douce chaleur, une lumière pure qui éclaire et vivifie tout ce qui l'environne. Son bonheur est de remplir ses devoirs, sa gloire d'être ignorée, son goût la lecture des bons livres, son amusement la culture des jeunes plantes dont le ciel lui a confié l'accroissement ; et tandis que le vulgaire des femmes ne sait que faire du temps, elle n'en trouve jamais assez pour remplir les obligations qui lui sont imposées.

Heureuse la femme qui joint à un esprit juste un cœur aussi bon, des connoissances utiles à des vertus aussi aimables ; plus heureux l'époux qui possède une femme d'un mérite pareil ! Il ne sera pas le seul à deviner la personne dont on a reproduit ici les principaux traits. Après avoir considéré cette légère ébauche, tous ceux qui connoissent *Emilie* s'écrieront unanimement : *C'est elle !* Il n'y a que ceux qui ne virent jamais le modèle, qui puissent trouver le portrait flatté.

FIN DU SECOND ET DERNIER VOLUME.

TABLE DES DISCOURS

CONTENUS DANS CE VOLUME.

Discours sur les motifs qui doivent déterminer les jeunes personnes à se livrer à la pratique de la vertu. 1

Discours sur le mérite que les jeunes personnes doivent s'efforcer d'acquérir. 47

Discours sur la simplicité qui convient aux jeunes personnes. 83

Discours sur la sensibilité. 288

Discours sur les dispositions avec lesquelles les jeunes personnes doivent s'acquitter de leurs devoirs religieux. 252

Discours sur les dispositions où les jeunes personnes doivent être, relativement à leur établissement. 294

Discours sur les dangers que les jeunes personnes courent à leur entrée dans le monde. 344

Émilie. 383

ERRATA

DU SECOND VOLUME.

Page 33, ligne 14, *tant*; lisez : *tout*.

P. 36, lig. 14, *apprécier?* lisez : *apprécier*.

P. 48, lig. 18, *la vertu*; lisez : *les vertus*.

P. 58, lig. 9, *votre famille*; lisez : *vos familles*.

P. 98, lig. 10, *Simplicité*; lisez : IV. *Simplicité*.

P. 201, lisez : 121, par erreur de pagination jusqu'à la fin.

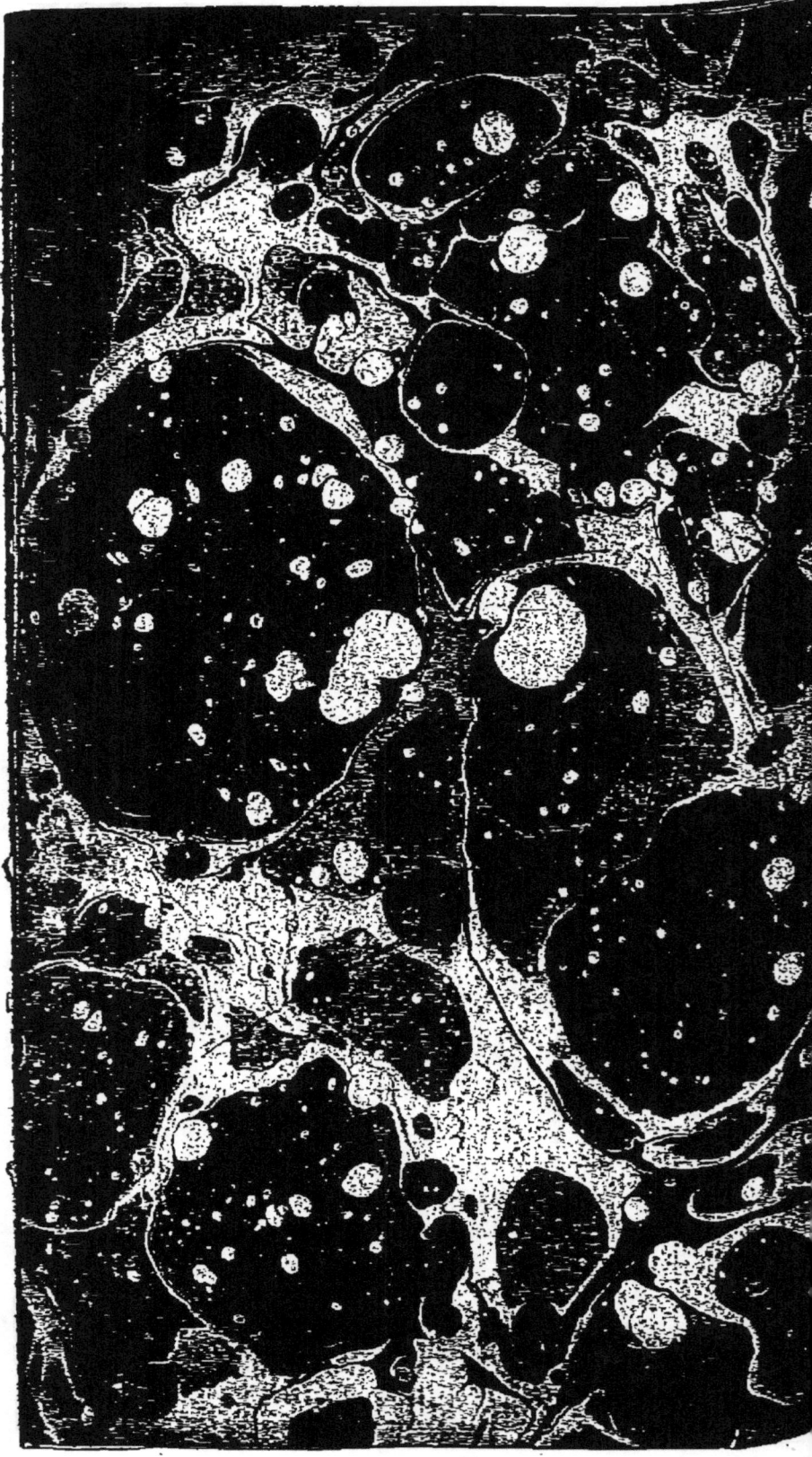

www.ingramcontent.com/pod-product-compliance
Lightning Source LLC
Chambersburg PA
CBHW072013150426
43194CB00008B/1094